BIOTHÈQUE NOUVELLE
à 1 franc le volume
(HORS DE FRANCE : 1 FRANC 25 CENTIMES LE VOLUME)

HENRI DE LACRETELLE

LA POSTE
AUX CHEVAUX

PARIS
LIBRAIRIE NOUVELLE
BOULEVARD DES ITALIENS, 15
A. BOURDILLIAT ET Cie, ÉDITEURS
1861

LA
POSTE AUX CHEVAUX

LA POSTE
AUX CHEVAUX

PAR

HENRI DE LACRETELLE

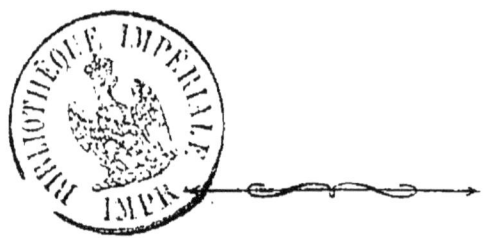

PARIS

LIBRAIRIE NOUVELLE

BOULEVARD DES ITALIENS, 15.

A. BOURDILLIAT ET Cie, ÉDITEURS

La traduction et la reproduction sont réservées.

1861

LA POSTE AUX CHEVAUX

I

Il y a une vingtaine d'années, un des relais de la route de Paris à Nantes était au village des Orbes, dans un pays montagneux et boisé. La poste appartenait à M. Étienne Clermont, ancien lieutenant aux chasseurs d'Afrique, qui avait été brusquement arraché à ses campagnes et à son grade par la mort de son père, titulaire de cet office. Comme la position était lucrative et la route fréquentée, et comme une terre importante s'arrondissait autour de la maison, Étienne se résigna vite à passer de la vie des camps à une installation bourgeoise. D'ailleurs, il avait conservé presque toutes ses habitudes : la bière était aussi bonne dans le café des Orbes que dans les cantines, et les paysannes des environs lui semblaient plus fraîches que les Moresques. Il n'eut de tout cela pourtant, dans le commencement, qu'une appréciation très-vague, car M. Mortagne, le notaire qui lui avait remis la succession, entreprit aussitôt de lui persuader que, sous peine d'un ennui mortel, il devait songer à se marier. M. Mortagne avait précisément un parti très-sortable à proposer : mademoiselle Catherine Aubin, fille d'un chef d'escadron retraité dans le canton, et qui était mort depuis peu, en laissant à son unique enfant six milles livres de rente en belles terres. Étienne avait neuf ans de plus que la jeune fille. S'il était moins accompli qu'elle de manières et de figure, sa fortune sonnait deux fois plus. Il n'y eut de vrai entraînement que du côté d'Étienne. Catherine accepta, pensant que M. Mortagne ne pouvait pas se tromper; et, sans amour, mais avec une confiance parfaite dans un bonheur d'avenir, elle s'entendit appeler madame Clermont.

M. Mortagne, homme de sens et de droiture, n'avait qu'un défaut : un enthousiasme un peu exagéré pour l'armée. Quiconque était revêtu d'un uniforme lui semblait, du même coup, pétri d'honneur et de vertu. Le sabre était un sceptre de justice, et ses traditions bonapartistes donnaient presque un caractère religieux à une épaulette. Il ne pouvait pas admettre que celui qui avait été exposé à verser son sang pour la patrie ne comprît et ne pratiquât pas tous les devoirs moins périlleux de chef de famille et de mari. D'ailleurs Catherine était fille de soldat : elle s'acclimaterait certainement à un représentant de la jeune gloire africaine; puis elle était si jolie, si bonne et si fine, qu'il était impossible qu'elle ne fût point le charme d'une maison. Quand elle était sortie de son pensionnat, on avait cru que la gaieté, la grâce, la facilité à s'oublier toujours pour se prodiguer aux autres, la fidélité à la parole donnée, la bonne action toujours prête, en sortaient avec elle. Elle avait eu le bonheur de rendre sa perfection attrayante. Elle était spirituelle dans sa bonté, et gracieuse même dans la gravité du maintien. Sa personne était aussi exquise que son âme. Ses cheveux bruns aux boucles épaisses voilaient de leur ombre à chaque mouvement de sa tête la flamme intelligente et sereine de ses yeux noirs, sa bouche aux angles fermés, laissait rire ses dents blanches, et n'aurait pas pu être d'un autre dessin pour s'harmoniser avec son petit nez de statue grecque. Sa peau mate se colorait parfois des rougeurs d'un sang généreux et prompt à courir dans des veines dont on voyait les réseaux. Elle avait la voix mélodieuse et claire de sa poitrine harmonieuse et souple, et tout son air était si bon, qu'on ne s'apercevait qu'à la seconde impression qu'elle était d'une beauté rare ; on l'avait aimée même sans la voir, pour son parfum et pour son accent. Telle était la femme que M. Mortagne avait donnée à Étienne.

Il ne la méritait pas. Toutes les délicatesses de Catherine étaient reçues par les vulgarités de son mari. Il ramassait des paradoxes qui moisissaient de vieillesse sur le pavé. Il ne croyait pas à grand'chose en dehors d'une honnêteté nécessaire. Il se disait voltairien, sans avoir jamais essayé de faire entrer un peu des étincelles de l'esprit de Voltaire dans les marais de son intelligence. Sa beauté de soldat avait disparu depuis que son teint n'était plus brûlé et qu'il ne rasait plus ses joues. Il avait grossi, ne se bridant plus dans son uniforme. Il renonça bientôt à tout ce qui entretenait en lui une certaine élasticité. Il ne chassait plus et ne montait plus à cheval. Il y renonça d'abord pour être davantage à Catherine dont il était fort épris, et ensuite pour retourner au café. Dans son ménage, après quelques années, quoiqu'il commandât lui-même ses repas, trouvant tout mauvais à table, querellant ses domestiques, alourdissant par des railleries les allures charmantes de sa femme, égoïste et paresseux, c'était un assez vilain homme; mais les jours de foire, assis sur le banc du café des Orbes, devant un verre d'absinthe, les mains sur les cartes, riant avec les maquignons, rendant facilement service avec sa bourse, on le trouvait généralement un bon garçon. D'ailleurs, il soutenait si bien le gouvernement qu'il était difficile de supposer qu'il ne fût pas d'une nature accommodante. Si Étienne Clermont était resté soldat, ses qualités un peu négatives se seraient développées, et il aurait fait, avec le temps, un capitaine très-honorable.

Étienne et Catherine, mariés depuis six ans, au moment où cette histoire commence, avaient une petite fille de cinq ans, appelée Pauline.

Le village des Orbes ne se composait que de cent cinquante feux, parmi lesquels deux ou trois chauffaient assez confortablement. Il y avait d'abord celui de M. Mortagne le notaire, puis celui du docteur Champanelle, auprès duquel nous reviendrons souvent, puis enfin celui de M. de Pondhuy, dans un château assez délabré qui prouvait, avec ses vieilles tours, que la paroisse des Orbes remontait loin. Le pays dénudé de ses bois par le défrichement, à plus d'une lieue autour du clocher, était assez riche. Les vignes avaient prospéré sur la hauteur à droite, en allant du côté de Nantes, et les prairies dans le fond, livraient une couche épaisse à la dent des troupeaux. Le village s'était rangé au bas de la côte et étageait en éclaireuses quelques pauvres maisons penchées sur les petits ravins où étaient les vignes. Une faible rivière, presque toujours sans courant, séparait la grande route de la pente qui montait, et faisait un abreuvoir pour les chevaux de la poste. La grande route avait tracé la configuration des Orbes. Le gros des habitations s'était placé à droite, une à une, suivant les besoins des rouliers et de l'exploitation rurale, et ne formait ainsi qu'un des côtés de la rue. L'autre, celui de gauche, toujours en venant de Paris, n'était occupé que par l'église d'abord, puis par la maison de poste et ses larges dépendances. Deux ruelles, dont l'une aboutissait à un pont de bois sur la rivière, obliquaient en grimpant vers les vignes et vers les maisons entourées de jardins, du notaire et du médecin. Quand on arrivait, après les toits du village, séparé ainsi en deux quartiers, on voyait d'abord la façade massive du vieux château, éclairé de quelques fenêtres à l'est et flanqué de ses tours, puis, à la suite des pentes montantes des prés et des terres, un entassement successif de chaînes de montagnes dont les cimes chargées de bois se surmontaient les unes et les autres et indiquaient une contrée plus sauvage à l'horizon, vers la mer. Les bois étaient d'essence de chênes et de bouleaux et envoyaient continuellement aux Orbes, avec les brises, leurs émanations vigoureuses. Ils étaient comme un grand éventail frémissant qui, même dans les jours de chaleur, leur versaient la fraîcheur et l'haleine sylvestre. Ces courants salubres ne servaient pas seulement à purifier l'air des Orbes, ils le coloraient pour ainsi dire, en soulevant la brume qui montait des bas fonds de la rivière et en se trouant de bouffées de soleil. Ce paysage de montagnes boisées, vertes et grises, par la teinte des arbres qu'elles portaient, puis, plus bas, de terres blondes et de prés d'émeraude ; puis plus près, de vieilles tours sombres, d'eau bleue, et de vignes aux feuilles rouges, était splendide, par certaines lumières rasantes des matins et des soirs; mais il fallait y vivre pour en apprécier toutes les beautés. Le voyageur ne faisait que l'entrevoir à travers les vitres de sa chaise ou de sa diligence, et arrivait vite à l'hôtel des Deux-Alouettes, situé au bout du village. Catherine et un jeune postillon, Laubépin, dont ce récit parlera bientôt, étaient les seuls à reconnaître qu'ils vivaient dans un des plus beaux coins de la France et à en respirer les saveurs. Ils aimaient d'instinct la vallée et la montagne, peut-être parce qu'ils devinaient qu'ils y devaient souffrir.

La maison de poste sera plus spécialement le cadre de ce tableau. Faisons la voir si nous pouvons.

Elle avait été bâtie dans le milieu du xviiie siècle, par un grand-père d'Étienne. La cour était carrée et les voitures y entraient, pour relayer, par deux portes séparées avec une grille. Les écuries, assez grandes pour contenir soixante chevaux, étaient dans le corps de bâtiment à gauche; au milieu, les greniers, et à droite, mais à plus de deux cents pas de distance des chevaux, le logement des maîtres. Malheureusement, les trois façades étaient régulières, de sorte que les ornements prétentieux de l'époque couraient aussi bien le long des frises du mur de l'écurie que sur celles de la maison. Catherine avait obtenu dans les premiers mois, qu'on plantât devant ses fenêtres un lierre qui peu à peu avait caché les moulures, et qu'on reléguât ailleurs l'immense tas de fumier sur lequel se prélassaient les poules et dont les ondes noires voyaient nager les canards. A côté de la porte de droite, s'allongeait en terrasse sur la route, un beau couvert de vieux tilleuls, du haut desquels on plongeait sur tout le village. Comme il était au midi, Catherine avait fait mettre entre les arbres des caisses d'orangers et des bancs, et c'est là qu'elle allait broder en surveillant Pauline. L'appartement était plus que modeste. Un corridor séparait la cuisine, le fruitier et la buanderie d'une immense salle dans laquelle presque toute la vie se passait. Là seulement on se chauffait en hiver et on mangeait en toutes saisons. Une alcôve, déguisée par un pan de boiserie qui s'entr'ouvrait, recélait un lit. Étienne aurait bien voulu en faire la chambre à coucher, mais Catherine s'était absolument refusée à s'installer ainsi comme sur une place publique. Deux fenêtres donnaient sur la cour et sur la rue. Au milieu, un grand poêle en porcelaine, quelques chaises groupées autour, ensuite la table, sur laquelle une nappe mouchetée restait continuellement, et, dans l'encoignure, un piano que la jeune femme avait apporté. Une tapisserie décolorée laissait pendre la *Jérusalem délivrée* et affadissait les yeux de la séduction éternelle de Renaud. Puis le long du mur et près de la porte, un tric-trac, un vieux billard anglais et des selles de maîtres hors de service à cheval sur des bâtons. Au bout du corridor, un escalier droit montait aux chambres. Elles étaient en très-petit nombre. Il y avait celle de Catherine et de son mari au-dessus de la grande salle, puis deux pièces pour les domestiques, puis des greniers. Sous la cage de l'escalier, une porte ouvrait sur un jardin rectangulaire et fermé de murs. Quelques ifs taillés carrément et surmontés d'un bonnet vert, sans se saluer jamais, jouaient éternellement aux quatre coins le long des allées. Au milieu, des asperges, des salades et des choux, et sur les bordures, des rosiers et des dalhias, puis un espalier au sud et des framboisiers au nord. Tels étaient l'horizon et la demeure dont Catherine, avec son sourire jeune et bienveillant, était le rayon. Aussitôt qu'elle y passait, la cour devenait propre et gaie, le jardin se réchauffait de parfums, et la vieille tapisserie elle-même ranimait ses figures flétries, pour correspondre à cette grâce et à cette fraîcheur. Il suffit d'une voix qui y chante pour rendre une cage mélodieuse, et d'un regard qui la parcourt pour faire une maison ravissante.

C'était un matin de juin, Catherine venait de se lever, Étienne achevait de s'habiller. Ils étaient dans leur grande chambre. La servante Jeannette vint dire que la tailleuse montait pour essayer la robe de la bourgeoise.

— Quelle tailleuse? demanda Étienne.

— Il n'y en a qu'une, répondit Catherine en riant, Adèle Magny.

Étienne rougit légèrement. Était-ce de plaisir ou de contrariété? Sa physionomie ne le dit pas. Toutefois, il reprit précipitamment :

— Pourquoi ne te fais-tu pas habiller à Ancenis? Nous sommes assez riches pour que tes robes viennent de la ville.

— Mon ami, répondit Catherine, j'aime mieux économiser un peu sur la façon, et acheter de l'étoffe pour vêtir tes pauvres.

— Mes pauvres! ce sont les tiens! Il sont arrivés à la poste en même temps que toi.

Madame Clermont ne sut pas si c'était un reproche ou un éloge qui était contenu dans ces mots. Cependant son mari n'était pas avare. Elle donna l'ordre de faire monter la tailleuse.

Adèle avait vingt ans: sans être très-jolie, elle éveillait les yeux plus qu'une beauté régulière. Il y avait dans sa marche lente, sous ses paupières baissées et terminées par de longs cils noirs, dans les mèches blond foncé qui se tortillaient sous sa coiffe blanche, dans sa mise campagnarde avec une certaine provocation de couleurs et de désordre, quelque chose de mystérieux, de faux et de câlin qui devait laisser croire que cette jeune paysanne pouvait faire faire des folies à des vieillards. Catherine ne soupçonnait pas la femme qu'elle venait d'introduire chez elle. Elle ne voyait que l'ouvrière laborieuse. L'aiguille dans ces doigts toujours roses malgré le travail, lui semblait un instrument honnête, tandis qu'elle tissait la trame des combinaisons profondes d'un esprit persévérant et pervers.

Adèle eut l'air embarrassée, parce que Étienne n'avait encore que son pantalon et sa chemise, elle détourna les yeux de lui et replia silencieusement la robe qu'elle apportait.

— Pauvre fille! dit Catherine : tu t'es bien pressée pour cet ouvrage. Tu auras passé la nuit, et tu as l'air fatiguée ce matin.

Adèle jeta un coup d'œil furtif dans la glace de la cheminée et s'assura que sa pâleur était encore très-agréable.

Étienne ne se hâtait pas de finir sa toilette, et contemplait du fond de la chambre la taille cambrée d'Adèle qui se courbait sur l'étoffe qu'elle étendait.

— Ne vas-tu pas nous laisser un peu, Étienne? dit Catherine.

— Tu n'oses pas te déshabiller devant moi, à cause de mademoiselle? dit-il; mais mademoiselle voit bien que nous sortons du même lit.

Cette plaisanterie parut de très-mauvais goût à Catherine, qui ne voulut pas se fâcher pourtant, et reprit :

— Puisque je ne suis pas maîtresse dans ma chambre, je vais tâcher de m'en faire une à moi toute seule.

Et elle passa pour se dévêtir derrière les rideaux d'une fenêtre, et sans ressentiment aucun de ce qui avait été dit, elle se mit à chantonner une romance de Loïsa Puget en dégrafant sa robe.

Étienne avait-il prévu et attendu cette minute où sa femme ne l'observerait plus? Il s'avança sur la pointe du pied vers Adèle, l'embrassa sans qu'elle parût se défendre, et, se penchant à son oreille, lui dit tout bas :

— Serez-vous à la maison à trois heures?

— Il le faudra bien, répondit Adèle en faisant rapidement tourner autour d'Étienne ses yeux éblouissants quand elle les ouvrait tout entiers, et en donnant à sa voix une expression caressante, même dans ce murmure à peine accentué.

Le rideau de la fenêtre trembla. Madame Clermont avait vu le mouvement qui avait rapproché Étienne et Adèle. En une seconde toute une croyance lui échappa. Elle se vit, et elle vit son enfant avec elle, entre un mari infidèle et des filles perdues. Elle se sentit méprisée. Elle se dit qu'elle n'avait que vingt-cinq ans et que sa mesure de passé heureux aurait été bien étroite. Des larmes promptes montèrent à ses yeux; mais elle était trop fière pour laisser entendre qu'elle avait compris, et trop douce pour ne point maudire en elle la colère et la vengeance, quelque légitimes qu'elles fussent. Elle eut la force de continuer sa chanson et d'appeler Adèle sans émotion. Elle avait sa robe neuve et revint devant la glace.

— C'est très-bien, dit-elle. Oh! voilà une ouvrière achevée! Tu as trop de talent à présent pour rester ici. Tu devrais aller à Paris.

— Je ne trouverais nulle part une si jolie dame à habiller, répondit Adèle, touchée malgré elle de la bonté de madame Clermont. On est fier de son ouvrage, quand on le voit sur vous!

— Bah! est-ce que je suis encore un peu jolie? dit Catherine, qui ne put pas résister à venir mettre devant son mari ses joues roses d'émotion, ses cheveux fraîchement lissés et toute son élégance incomparable à côté de la pâleur et de l'embarras d'Adèle, qui se sentait légèrement raillée.

Étienne songea qu'il était depuis longtemps l'heure de sa pipe et descendit. D'ailleurs, il avait ce qu'il voulait.

Catherine tint cependant à faire sentir sa supériorité à Adèle.

— Comment va ton grand-père? lui demanda-t-elle.

Le grand-père d'Adèle était un de ses pauvres. Elle savait que sa petite-fille ne s'occupait guère de lui.

— Il va toujours! répondit Adèle.

— De quel prix sommes-nous convenues pour la robe?

— De six francs, madame.

— En voilà douze.

Les yeux d'Adèle s'allumèrent.

— A condition que tu achèteras une blouse chaude à ton grand-père, dit Catherine.

— Je le ferai, madame, répondit Adèle, quoique le vieux soit déjà bien assez entretenu par vous.

Et elle replia son mouchoir et sortit.

Catherine ne se gêna plus pour pleurer.

Moins sur elle cependant que sur cette jeune fille, si précoce dans l'insensibilité et dans l'inconduite.

Laubépin se trouvait sur la porte de l'écurie quand Adèle traversa la cour. Il ne la salua pas d'un signe de tête, quoiqu'il eût dansé plusieurs fois avec elle.

Laubépin était un garçon de vingt-deux ans. Enfant de l'hospice de Nantes, envoyé en nourrice aux Orbes, on n'avait jamais eu d'indication sur sa naissance. Il était si doux et si beau que son père nourricier ne voulut pas s'en séparer, et le garda dans sa famille. On l'éleva chrétiennement. Son nom lui venait de ce qu'on l'avait trouvé sous un buisson d'aubépines, dans des linges fins et brodés d'une couronne. Mêlé au peuple des campagnes, il réunissait en lui les deux types : gentilhomme par une nécessité native, paysan par l'éducation. Il avait été conduit de bonne heure à l'école. Sa famille adoptive mourut quand il arrivait à l'adolescence. M. Clermont père l'avait remarqué pour l'audace et la grâce avec lesquelles il montait librement les poulains les plus indociles des pâturages. Il le recueillit à la poste, et ne le laissa pas longtemps parmi les palefreniers. Bientôt il eut ses quatre chevaux comme les postillons plus âgés que lui, et bien qu'il franchît toujours les distances en moins de temps que les autres, jamais un accident n'était arrivé aux voitures qu'il conduisait. Il ne donnait pas à l'écurie plus de temps que son service ne l'exigeait. Dans les nuits où il était de garde, il se couchait sur le fenil, avec une lanterne près de lui, et il passait des heures à lire tout ce que la bibliothèque du château voulait bien livrer à sa curiosité. M. de Pondhuy le trouvait si bien à cheval, et de si bonne mine sous sa veste de postillon, qu'il ne lui refusait pas ses livres. Son instinct le portait à choisir ceux de poésie et de chevalerie. Il avait souvent rencontré des rimes sans les chercher, et le galop lui donnant le rhythme, il revenait à la poste avec des couplets naïfs qu'il se chantait à lui seul. Pendant ses moments de liberté, il taillait sur bois, avec son couteau, les figures des héros dont il venait d'apprendre l'histoire. Ainsi, artiste de deux manières, il laissait courir son rêve à la recherche de l'idéal.

L'idéal se présenta à sa jeunesse sous la forme de Catherine. Il eut un amour fou pour elle dès qu'il la vit, mais se sentant retenu par la distance et par la vénération, il resta persuadé qu'il ne s'était jamais trahi, comme si une femme ne devinait pas toujours la passion dans une âme, comme la branche de coudrier devine l'eau sous la terre. Une circonstance rapprocha encore Laubépin de Catherine.

Dans les premiers jours de son installation aux Orbes, Étienne ne refusait rien à sa femme. Voyant tant de chevaux à l'écurie, elle eut envie d'en monter un. Mais c'étaient presque tous des percherons aux allures grossières, et Étienne ne savait auquel confier Catherine. Il parcourut longtemps l'écurie ; Laubépin parla de Bijou.

Bijou était son bidet. Il avait quelque chose de l'intelligence de son maître, et on citait des merveilles de sa souplesse et de son courage. Bijou fut amené dans la cour. Il parut comprendre les paroles de Laubépin, et lorsque celui-ci lui eut dit que Catherine allait le monter, il vint lui-même avec son naseau, frais comme un fruit, caresser les joues de la jeune femme. Laubépin lui mit une selle qui avait servi à la mère d'Étienne. Le lieutenant accompagna Catherine, et, pendant toute la promenade, Bijou fut docile comme un arabe et vite comme un anglais. Bientôt Étienne connut tous les sentiers sous les bois et toutes les pelouses des environs, et, s'ennuyant de ces courses journalières, il proposa à Catherine de se faire suivre par Laubépin, Laubépin se tenait derrière elle, laissant flotter son cœur dans les plis de ce voile vert qui se déroulait sur la charmante figure. Les embarras des routes, les dangers quelquefois, rapprochaient forcément Laubépin de Catherine; la conversation s'engageait, et Catherine put juger de l'esprit délicat et enflammé du jeune postillon. Souvent elle inventait des prétextes pour ralentir le pas de Bijou. Elle voulait une clématite qui pendait, elle n'osait pas franchir un ruisseau. Laubépin était toujours propre comme un homme du monde : il tenait son uniforme avec une irréprochabilité militaire. Il était beau : il parlait avec une élégance sauvage qui donnait une couleur à sa parole. Il ne faisait jamais une allusion à son amour insensé, mais pouvait-il empêcher sa voix et ses rougeurs de raconter son âme? Catherine fut heureuse de comprendre qu'elle avait le plus dévoué des soupirants dans Laubépin. Elle était sûre qu'elle ne rencontrerait jamais aucun péril dans cette loyauté, et qu'une pensée insalubre ne lui viendrait pas à elle. Mais elle reconnut aussi que plus Laupébin la verrait, plus il souffrirait en secret de son amour. Les promenades ne furent reprises que très-rarement, et Bijou retourna à l'écurie de la poste.

Lui aussi avait donné son amitié. Lorsque Catherine passait dans la cour, et sans qu'elle pût le voir, ses oreilles se dressaient, son flanc battait, et il hennissait de joie. Si elle visitait l'écurie, parmi ces soixante chevaux alignés au mur, une robe grise frémissait : une tête trouvait toujours moyen de se dégager du licol, et Bijou arrivait, se mettait à genoux devant sa maîtresse, et regardait par la porte, le pauvre animal, les bois lointains où elle ne le menait plus.

Beaucoup de confiance en Laubépin, et même une certaine intimité de conversation, étaient restées à Catherine de ces promenades, et une ou deux fois par semaine elle trouvait une occasion pour lui parler.

Ce matin-là ce fut lui qui alla au-devant d'elle.

Il ne vivait absolument que du bonheur de Catherine. Il se doutait bien que les habitudes de M. Clermont devaient donner une amertume aux sentiments de Catherine. Il n'ignorait pas la réputation d'Adèle, et la facilité de principes affichée par le maître de poste. Il tremblait qu'une minute seulement pût être troublée dans les heures de Catherine.

Elle sortait de la maison pour aller sous le couvert de tilleuls. La cour était déserte. Les postillons du relais voisin emmenaient les chevaux qui avaient traîné les messageries. M. Clermont devait être au café. Laubépin pouvait parler.

Il s'approcha de madame Clermont, son chapeau ciré à la main. Contrairement à ses camarades, Laubépin se trouvait toujours habillé dès le matin, et ses pourboires passaient tous en vestes à boutons brillants, en culottes blanches et en bottes à l'écuyère.

— Madame, dit-il, Adèle Magny est entrée dans votre chambre tout à l'heure. Je n'ai point d'avis à vous donner, bien entendu; mais vous n'y laisseriez pas entrer, si vous le pouviez, une vipère, une chauve-souris, une bête de mauvais augure, et Adèle Magny vaut moins qu'elles toutes réunies.

Catherine le regarda avec étonnement.

— Vous n'avez point de haine ordinairement, lui dit-elle. Pourquoi traitez-vous ainsi une jeune fille qui n'est que légère, si sa renommée ne la calomnie pas?

— Parce qu'elle ne vient ici que pour voler la paix et laisser des larmes derrière elle.

— Elle laisse aussi de très-jolis chiffons, reprit madame Clermont en souriant. C'est elle qui a fait mon amazone que vous aimiez tant.

Comment Catherine savait-elle que son amazone plaisait à Laubépin? Elle se reprocha bien vite cette imprudence, et reprit :

— J'ai pensé que vous aimiez cette robe, parce que vous avez quelquefois écorché vos mains plutôt que de la laisser se prendre aux épines. En souvenir du vêtement, épargnez l'ouvrière.

— Cette jeune fille ne peut pas se trouver à côté de vous, madame.

— Laubépin, répondit gravement Catherine, j'ai eu le bonheur d'être élevée pieusement et d'avoir une fortune à moi. Qui sait ce que je serais devenue abandonnée à l'ignorance et au hasard? C'est à moi à essayer de donner une meilleure direction à Adèle, et à lui tendre la main pour la relever.

Laubépin bondit sur lui-même.

— Donner votre main à cette fille ! s'écria-t-il. Vous ne savez donc pas pourquoi elle vient ici?

Catherine pâlit. Il lui paraissait si impossible qu'il fît allusion à ce qu'elle avait vu, qu'elle eut peur d'un danger inconnu, et qu'elle demanda à Laubépin ce qu'il voulait dire.

— Madame, répondit-il, vous avez daigné m'expliquer un jour ce que c'était qu'Armide, qui pend à la tapisserie de la salle. Cette Adèle est une magicienne paysanne. Ses regards donnent l'ivresse aux yeux, ses discours enlacent comme des filets. Quand elle veut qu'un homme arrive dans ses bras, et elle le veut toujours, il est attiré malgré sa sagesse ou sa fidélité à une autre. Je ne sais pas de quoi est faite sa volonté, mais elle a toujours triomphé. Du coin de sa chaise, où elle a l'air de travailler, et où elle rêve, avec ses habillements modestes et ses airs de victime, elle fait venir dans sa chambre qui elle veut. Madame, pardonnez-moi ce blasphème, mais M. Clermont, lui-même.....

Catherine essaya de l'interrompre, mais il ne la laissa pas faire.

— Oh ! je sais bien qu'on vous aime, continua-t-il avec entraînement, et qu'aucune personne n'est égale à vous. Mais si elle voulait, madame, M. Clermont irait ! Ne m'empêchez pas de parler ! Bijou se connaît en créatures humaines, et il sait ceux qui vous sont attachés. L'autre jour, elle rôdait dans l'écurie pour chercher Benoît, qui est son cousin. Quand elle a passé près de lui, il a levé ses deux pieds et ils ont passé à une ligne de son visage. M. le curé est un saint, et il n'ose pas la regarder, quand il se retourne en disant la messe! Ne la laissez pas venir, madame, et empêchez qu'on n'y aille!

Catherine s'épouvantait de l'audace de cette conversation, mais il fallait répondre.

— Je ne suis pas indifférente, reprit-elle, et j'essaierais de me défendre contre le malheur. Mais il y a des choses que je n'aurai jamais l'air de voir, et, les ayant vues, je tâcherais encore de les oublier! D'ailleurs, cela fait tant de bien de pardonner, même quand celui auquel on pardonne ne s'en doute pas! N'insistez donc plus.....

En ce moment, la petite Pauline sortait de la maison et courait en riant vers sa mère. Madame Clermont montra l'enfant à Laubépin, et lui dit :

— Comprenez-vous, maintenant, pourquoi il ne faut pas parler de cela?

Et elle s'en alla vers les tilleuls avec Pauline.

Laubépin la suivait d'un œil anxieux.

— Elle ne l'aime donc pas? pensait-il.

II

Catherine ne resta pas longtemps seule; son mari vint la rejoindre. Comme il ne rentrait ordinairement que pour le déjeuner, elle comprit qu'il avait quelque chose à lui dire.

En effet, depuis le matin, Étienne remuait une pensée dans

sa tête. Pourquoi sa femme avait-elle parlé de Paris à Adèle? Se doutait-elle de quelque chose? Ne parviendrait-elle pas à souffler l'ambition à la jeune fille, et n'allait-on pas lui ôter la seule distraction qu'il eût aux Orbes, après le café? Car il trouvait Catherine trop savante pour lui, et, presque chaque jour, il allait rire auprès d'Adèle, sans que jusque-là ces entrevues aient amené autre chose que des caresses légères déjà. Il y avait cent raisons pour que madame Clermont ne décidât pas Adèle à quitter les Orbes; mais quand une préoccupation s'était emparée d'Étienne, il la poussait jusqu'à l'exagération, et s'alarmait sur ce qu'il inventait. Le fond de son caractère était l'égoïsme et la faiblesse; la faiblesse l'emportait néanmoins, car il aurait été capable, à un moment donné, de se tuer pour une contrariété.

Ce qu'il voulait dire l'embarrassait. Il s'assit, et après avoir fait sauter Pauline sur ses genoux, il prit un détour.

— T'ai-je annoncé, dit-il à Catherine, que M. le préfet me tourmente pour me faire accepter la mairie?

— Je serais ravie que tu eusses une occupation, mon cher Étienne; car je dois bien reconnaître que je ne réussis pas toujours à t'amuser.

— M'amuser! si tu crois que ce serait un si grand plaisir d'être maire? Je n'accepterais que pour prouver à M. de Pondhuy qu'un maître de poste qui a plus de quatre cent mille francs au soleil, administrerait aussi bien qu'un noble ruiné.

Catherine sourit tristement. L'hostilité de son mari contre le maître du château ne pouvait venir que d'une seule chose. On avait dit que M. de Pondhuy était l'amant d'Adèle. Elle ne l'avait pas cru, mais ce devait être vrai, puisque Étienne semblait le détester. Ainsi, elle ne pouvait plus mettre en question son infidélité.

— Une circonstance pourrait cependant nuire à ma candidature, poursuivit-il, et cette circonstance te regarde.

— Moi? dit-elle. Est-ce que j'ai jamais essayé d'entamer la majorité du conseil municipal, même pour faire voter des réparations à la cure? Est-ce que je comprends quelque chose à la politique?

— Tu peux me faire beaucoup de tort par des paroles auxquelles tu ne réfléchis pas. Ainsi, par exemple, ce matin, quand cette tailleuse est venue...

Catherine le regardait avec étonnement.

— Je ne me rappelle pas très-bien ce que tu as dit, je n'écoutais guère. Mais ne lui as-tu pas conseillé d'aller se fixer à Paris?

— Peut-être.

— Eh bien! si tu avais répété cela devant quelqu'un, ou si tu parvenais à la faire partir, mon élection serait perdue.

— Je ne saisis pas..., dit Catherine avec un peu d'ironie.

— Les habitants des Orbes sont ambitieux de la prospérité du village. On ne verrait pas sans regret s'éloigner une industrie comme celle d'Adèle Magny. Elle emploiera bientôt plusieurs ouvrières. Les dames des environs sont comme toi, et trouvent qu'elle a du goût. Et puis, continua-t-il en s'animant, quel mal y a-t-il à ce que la pauvre fille travaille et gagne de l'argent ici? Pourquoi lui parler de Paris? Les diligences maudites qui passent tous les jours...

— Ne te font-elles pas cinq mille francs par an? demanda Catherine.

— Sans doute ; mais la question n'est pas là. Elles sont une tentation. À Paris, les jeunes filles comme Adèle sont facilement entraînées au mal. Laisse-la ici nous faire honneur par sa beauté et par son talent...

Catherine eut pitié de la naïveté de M. Clermont à défendre ainsi sa maîtresse devant elle. Elle voulut détourner la conversation.

— Je vois bien que j'ai été très-imprudente, dit-elle ; mais, franchement, je ne prévoyais pas à quel point ma pauvre phrase pouvait t'exposer. Fais-toi nommer, Étienne. Je voterai pour toi ; je voterai pour Adèle, si tu veux.

Étienne parut gêné ; il sentait bien que si le doux esprit de Catherine se mettait par hasard à railler, le sien ne serait pas de force. Mais c'était peu la connaître que de supposer qu'elle pût faire plus que d'effleurer avec un trait.

— En attendant, dit-elle, puisque tu es là avec nous, le matin, entre ta femme et ton enfant, comme un homme qui aurait le temps de son bonheur, regarde un peu comme le soleil fait bien dans les cheveux de Pauline. Est-ce que tu n'es pas fier quelquefois, Étienne ?

Il ne s'attendait pas à tant de bonne grâce ; et croyant probablement qu'il parlait à une autre femme, il répondit :

— Je suis fier surtout quand je regarde la mère de Pauline.

— Il ne s'agit pas de moi, mais d'elle. Ne remercies-tu pas Dieu quelquefois ? Tiens, c'est bien puéril ce que je vais te dire. Promets-moi que tu ne te moqueras pas de moi ?

— L'admiration ne se moque jamais !

— Le temps est doux ; les moissons jaunissent ; ta fille grandit ; ta femme t'estime. Faisons ensemble, à la même heure, sous nos arbres, sous le sourire de l'enfant, une petite prière pour que le ciel nous continue toute notre joie.

On ne s'occupait guère de la prière au café de l'Ordre, où Étienne passait ses journées. Il était incapable d'apprécier la délicatesse des sentiments qui mettait ces paroles sur les lèvres de Catherine. Il haussa les épaules, et répondit :

— Je ne te croyais pas bigote.

Elle se sentit atteinte au plus profond du cœur. Cet homme auquel elle ne reprochait rien, quand elle aurait tant eu à dire, la blâmait. Elle voulait rendre grâce à Dieu du peu de bonheur qui lui restait encore ; et non-seulement il la blâmait, il l'injuriait presque ! Elle se détourna un instant pour ne pas laisser voir l'expression douloureuse de sa physionomie. Mais, chez elle, la bonté venait vite se fondre dans tous les ressentiments. Elle n'eut plus qu'une pitié généreuse pour l'indifférence et l'ignorance de cette âme, et elle lui dit :

— Je ne suis pas bigote. La bigoterie est une hypocrisie. Je me sens sincère dans ma reconnaissance à Dieu. Je suis certaine qu'il n'aurait pas été importuné si nous la lui avions témoignée tous les deux. Mais tu auras ta manière de lui exprimer ta gratitude, en faisant toujours le bien. Je dirai ta prière en même temps que la mienne.

Étienne eut une espèce de remords en présence de cette bonne nature. Sa femme lui recommandait de continuer à faire le bien. Certes, il le faisait. Il payait régulièrement ses billets à toutes les échéances ; il soutenait le gouvernement; il offrait le bismuth à des compagnons moins riches que lui. Cependant, quoiqu'il se jugeât parfaitement dans son droit, en essayant d'avoir une maîtresse, il se disait bien que cette façon d'agir affligerait Catherine si elle l'apprenait, et il ne se trouvait pas tout à fait sans remords.

— Je sais, dit-il, d'un ton plus humble, qu'il faut qu'une femme ait de la religion et je ne te blâme pas d'aller à la messe. Mais tu voulais me faire mettre à genoux, en plein jour, sur la terrasse, devant des passants qui peuvent nous voir...

— Je ne songeais pas à te faire mettre à genoux, Étienne, reprit-elle. Tu aurais embrassé Pauline en prononçant tout bas le nom de ton Créateur, cela aurait suffi.

— Si tu ne demandes pas autre chose, dit-il...; et il prit sa petite fille dans ses bras, et la pressa sur sa poitrine, où un peu d'amour paternel chauffait pourtant.

— C'est assez! dit-elle très-émue. Tu penseras beaucoup à l'avenir de cette enfant, et un peu à celle qui te l'a donnée. Et maintenant, je vais voir si tout va bien dans la maison, et si le déjeuner sera bon.

Et elle partit, prenant par la main Pauline, qui sautait en disant :

— Papa est bien gentil!

En les voyant disparaître peu à peu, d'arbre en arbre, Catherine avec son maintien plein de grâces et sa jolie tête de profil sous son chapeau de paille, lorsqu'elle tourna dans la cour, Pauline avec sa voix fraîche qui le bénissait, Étienne porta la main au bord de sa paupière, et y trouva une larme qui glissait. Mais il eut honte de lui-même, et alluma héroïquement sa pipe.

Cinq minutes après, une calèche de voyage arrivait du côté de Paris, et s'arrêtait devant l'écurie pour relayer. Autant que possible, Étienne surveillait cette opération, et regardait si ses chevaux étaient bien attelés et si le postillon était à jeun. Il s'amusait aussi de ce défilé perpétuel, et souvent engageait la conversation et apprenait quelques nouvelles, qu'il rapportait au café. La voiture était encombrée de paquets, et la poussière qui la recouvrait prouvait qu'elle venait de loin. Un domestique, sur le siége, payait et faisait hâter les relais. On avait déjà attaché les chevaux fumants aux boucles près de l'écurie, et ceux qui les remplaçaient étaient amenés, quand Étienne parut. Il regarda dans l'intérieur de la calèche, mais comme il ne voyait aucune femme, il allait rentrer chez lui. La tête du voyageur se montra alors à la portière, sous la visière d'une casquette, et avec un cigare entre les dents.

— Monsieur, dit la tête, seriez-vous assez bon pour me donner du feu?

— Avec plaisir, monsieur.

Étienne avança sa pipe. Le voyageur alluma son cigare sans regarder Étienne. Mais, tout à coup, celui-ci s'écria avec un accent joyeux :

— Tiburce!

Tiburce leva les yeux.

— Clermont! répondit-il.

Et il poussa rapidement la portière et s'élança sur le pavé, tendant les deux mains à Étienne.

— J'étais loin de m'attendre à vous rencontrer, mon lieutenant, dit-il. Mais que diable faites-vous donc dans ce trou?

— Je suis maître de poste, répondit Étienne avec dignité. Mais comme vous voilà équipé! Seriez-vous donc redevenu monsieur le duc?

— Mais oui, reprit Tiburce en soupirant. Où est le temps où j'étais votre maréchal des logis?

— Vous regrettez l'Afrique, Montbarrey?

— Je regrette de n'avoir plus vingt-cinq ans.

— Et où allez-vous? Vous paraissez pressé?

— Je crois bien : j'ai toute la France à voir.

— Il ne sera pas dit, monsieur le duc, que vous passerez devant ma maison sans me faire l'honneur de vous y arrêter.

— Ma foi, mon lieutenant, avec enthousiasme, répondit gaiement Tiburce, surtout si vous n'avez pas déjeuné, et si vous ne m'appelez plus monsieur le duc.

— Toujours simple et brave! dit Étienne en marchant devant Tiburce. Je vais vous présenter à madame Clermont.

Tiburce de Montbarrey était effectivement très-duc, et sortait des chasseurs d'Afrique.

C'était une histoire commune à beaucoup d'hommes de ce temps de paix, avec une petite guerre à l'horizon, pour tenter les courages et parfois relever les désespoirs.

Il avait vingt ans, lorsqu'il se trouva avoir aussi vingt mille livres de rente.

L'émigration avait éparpillé la grande fortune des Montbarrey. Comme ils n'étaient pas de ceux qui demandent, ils n'eurent qu'une obole sur le milliard, et le duc, qui avait eu l'avantage d'être du whist de Charles X et d'y perdre souvent par bienséance, ne laissa à son fils qu'un débris de ce sauvetage. Tiburce ne manqua pas de gens pour lui prouver qu'un tel patrimoine était dérisoire pour qui se nommait le duc de Montbarrey, qu'il fallait le manger hardiment, atteler à quatre, faire courir, se ruiner élégamment, et, avec sa figure et son titre, épouser la fille d'un banquier quelconque. Tiburce accueillit cette perspective riante et se lança à fond de train sur toutes ces pentes de velours qui conduisent à l'abîme.

Il était très-agréable de sa personne. Les Montbarrey sont de la Guyenne et ont le type méridional très-accentué. Le père de Tiburce s'était marié en Allemagne à une princesse de l'*Almanach de Gotha*, blonde et souple comme la quenouille que filaient ses aïeules. Tiburce avait les cheveux noirs et les yeux bleus, la taille haute sans raideur, la main fine et énergique et un air de franchise tempéré par un peu d'hésitation que lui donnait sa vue basse. Il devint bientôt à la mode comme un Russe dans le monde facile où ses débuts le portèrent. Il fut l'amant de beaucoup de femmes sans en aimer précisément aucune. Il joua, quoiqu'il détestât les cartes; il soupa toutes les nuits, bien qu'il eût l'estomac faible; il affecta de ne parler que de chevaux, tout en lisant passionnément Lamartine, Hugo et Sand. Il meubla trois lorettes comme si elles avaient été duchesses de Montbarrey, et, après cinq ans, n'entrevoyant aucun héritage possible, ne se souciant pas de vendre son nom, il paya tous ses fournisseurs, envoya sa démission à ses cercles, revit encore une fois les étoiles de toutes ses nuits, s'engagea et arriva à Philippeville avec vingt francs, qui lui restaient.

Il eut le courage de rester le duc de Montbarrey, de repousser les avances que ses chefs ne firent d'abord qu'à son nom et de ne pas manquer une seule fois à son service d'écurie. Tiburce, pareil à François I*er*, avait tout perdu hors l'honneur. L'armée, qui est une école d'oisiveté pour les bourgeois sans ressorts comme Étienne Clermont, fut, pour le duc, celle de la liberté, du patriotisme et de la douceur. A mesure qu'il exposait sa vie dans les rencontres et qu'il respirait en chantant l'air du désert, il respirait l'air de la fraternité et du dévouement. Les idées généreuses lui arrivaient par les actions braves. L'uniforme égalitaire le dépouillait facilement de toutes ses idées de caste : le soldat en lui faisait le citoyen futur. Cependant, il maintenait son rang, tout en se laissant tutoyer, et il n'affligeait jamais l'ombre des ducs, tout en chantant la *Marseillaise*. Il était très-aimé de tous ses camarades, et il ne fut jalousé d'abord que par son chef, Étienne Clermont.

Le lieutenant avait été très-flatté de sentir sous ses ordres un pareil gentilhomme. Cependant, comme dans l'escadron, l'on ne parlait que du bon duc, qu'il était porté à l'ordre du jour après chaque affaire, et qu'il avait été si vite du grade de brigadier à celui de maréchal des logis, qu'on pouvait penser qu'il serait colonel à trente ans, Clermont, de peur d'être dépassé, fit rudement sentir sa supériorité. Tiburce était soumis et respectueux : il ne tirait nullement vanité de son titre ; il était gai dans sa détresse. Il fit si bien et si naturellement tout, qu'Étienne fut conquis, et préféra Tiburce à tout autre soldat de l'escadron.

D'ailleurs, on ne tenait pas la campagne. Il devait rester maréchal des logis pendant plusieurs mois. Montbarrey fut reconnaissant de tout le mal que son lieutenant ne lui faisait pas, et il lui sut gré d'être négatif pour lui, quand il avait une vanité si active contre tous.

La manière dont il refit sa fortune mérite d'être racontée.

Il ne s'était pas occupé des femmes en Afrique, et c'est à peine s'il savait ce que c'était qu'une Moresque. Il avait autre chose à faire. Il voulait se faire tuer d'une balle comme un Montbarrey, ou monter rapidement aux épaulettes, et revenir en France pour y appliquer des idées qui lui étaient venues.

Un jour, il revenait d'un douar. Une négresse arrêta son cheval :

— Regarde, lui dit-elle en lui montrant un séquin partagé en deux. Celle qui te montrera l'autre moitié de cette pièce te donnera son cœur tout entier.

Il faisait beau ; les oasis étaient pleines de parfums. La nuit serait claire. Tiburce se pencha sur le cou de son cheval et écouta ; après avoir pris le séquin :

— Où faut-il aller?

— Tu ne connais pas la ville, tu ne parles pas arabe. Va ce soir dans la seconde rue à droite : une porte s'ouvrira. Entre !

Cette mise en scène affriandait Tiburce. Il se fit coiffer, mit son uniforme neuf, et quand l'ombre fut descendue dans les rues d'Oran, où la garnison se tenait alors, il s'en alla vers la porte indiquée. La négresse se présenta, lui prit la main, et le conduisit à travers plusieurs détours vers une cour éclairée par une lampe française. C'était une maison turque. La cour était petite et carrée : plusieurs chambres y aboutissaient de plain-pied. Le spectacle était charmant : la lampe était posée sur le bord d'un bassin d'où un jet d'eau s'élançait en gerbes rougies par la lumière, et retombait en poussière humide sur les fleurs de quelques arbustes odorants. Un large tapis écarlate s'étendait sur le pavé. Une fille de quinze ans, habillée à la juive, était assise sur des coussins. La lumière noyait ses cheveux noirs et son front brun. Quand Tiburce arriva, elle lui jeta en souriant son séquin brisé, et la négresse disparut après avoir découvert un plat d'or sur lequel étaient posés des sorbets et un narghilé.

Tiburce trouvait l'aventure charmante, et il s'approchait de la jeune fille pour faire autre chose que la contempler; mais elle se leva aussitôt, bondit sur le tapis, prit un tambour de basque, et donna en chantant un air de valse que Tiburce avait entendu une fois à Paris. Elle tournait, faisait passer son tambour au-dessus de sa tête, venait tout près de Tiburce, avançait son cou comme pour y recevoir un baiser, puis, quand il allait être donné, s'échappait, disait un mot d'une langue qui n'était pas l'arabe, et, au milieu de ses chansons et de ses sourires, s'interrompait pour verser de vraies larmes. Tiburce ne s'expliquait ni cette pantomime ni ces sanglots. Mais la danseuse était jolie : les jasmins répandaient leur senteur montante; il n'était pas venu là pour assister à un ballet, et il se décidait à employer tous les moyens pour s'emparer de sa provocatrice insaisissable, lorsqu'elle vint elle-même à lui et ferma ses bras sur les épaules de Tiburce. Il crut qu'il était acteur dans une des scènes du paradis de Mahomet, et serra sa houri sur son cœur, lorsqu'une des portes de la cour s'ouvrit, et qu'un vieillard se montra.

Il portait le costume juif : il paraissait triste d'un désespoir sans remède. Il dit de loin, en français assez mal prononcé :

— Je suis son père, monsieur.

Tiburce, qui n'avait pas une haute considération pour les juifs d'Afrique, pensa d'abord qu'il allait être rançonné, ce qui lui était parfaitement égal, à cause de l'impossibilité où il était de payer une taxe. Toutefois, en regardant plus attentivement celui qui le troublait, il vit qu'il n'avait pas affaire à un misérable, mais à un malheureux. Il déposa sa sultane sur le tapis, et vint presque respectueusement au-devant du vieillard.

— Elle est folle, monsieur, continua celui-ci, bien folle, car une fille d'Israël ne se donne jamais ainsi au hasard à un chrétien, et ne mêle pas les coutumes turques aux habitudes juives. J'ai toujours empêché que sa négresse n'accomplît son message; aujourd'hui j'ai été appelé hors la ville, et j'arrive. Ne croyez pas que vous avez affaire à une courtisane. Je suis riche, et elle était pieuse avant que sa raison n'eût abandonné sa tête. Maintenant, monsieur, je ne vous dis qu'une chose : si vous ne croyez pas en Dieu, restez! Vous êtes armé, je n'ai point de serviteur, l'enfant s'est compromise ; j'appellerais que personne ne prendrait parti pour nous. Vous êtes le maître et le conquérant, restez! Le mot qu'elle vous disait ! veut dire : amour ! Mais si vous croyez que Dieu est vivant, présent partout, qu'il surveille des mêmes yeux le juif, le turc et le chrétien, qu'il donne à un père le droit de veiller sur l'honneur de sa fille, qu'il punit ceux qui abusent de sa folie, allez-vous-en, monsieur : ne perdez pas mon enfant; ne vous souvenez jamais de cette maison !

Le juif tremblait en parlant. Montbarrey n'hésita pas une minute. Il salua le vieillard ; il salua, et même plus bas, la jeune fille, et partit.

Un an après, il était toujours maréchal des logis, et désespérait de sa fortune militaire : son brosseur lui remit une lettre qui le mandait chez un notaire de la ville.

Il se questionnait en y allant pour savoir s'il n'aurait pas oublié une tante en France. Le notaire lui remit un acte en forme qui l'instituait légataire de Moyse, mort sans enfants.

Tiburce dit au notaire qu'il ne comprenait pas.

— Moi non plus, répondit celui-ci : mais le testament est inattaquable, votre prénom y est. Moyse a honnêtement gagné son or. En monnaie de France, il représente plus d'un million. A votre place, j'accepterais.

Tiburce ne se fit pas beaucoup prier, quoiqu'il trouvât qu'un simple mouvement d'honnêteté fût ainsi beaucoup trop payé.

. . . .

Il se défiait maintenant de sa facilité à dépenser ses capitaux. Il voyageait pour chercher une terre. Il avait trente ans : l'heure des élégances était passée, et il revenait un autre homme.

Tout en marchant à côté de Clermont vers la maison, il ne put s'empêcher de dire :

— Vous me parlez de madame Clermont. Je ne suis guère présentable.

— Catherine est très-bourgeoise. Vous nous resterez bien jusqu'à demain?

— Du moment que madame Catherine est pleine d'indulgence...

— D'ailleurs nous irons au café.

Montbarrey n'était pas enthousiaste du café. Néanmoins, pour ne pas désobliger Étienne, il ordonna de remiser sa voiture.

III

Catherine était dans la salle : son mari lui présenta M. de Montbarrey. Elle fut un peu étonnée qu'Étienne eût pour ami un si grand seigneur, et effarouchée d'être obligée de le recevoir. Mais elle était au niveau de tout le monde et elle se remit bientôt. Tiburce avait une modestie innée, et on se trouvait tout de suite à l'aise avec lui. Il s'excusa d'avoir accepté si vite l'invitation d'un ancien camarade qu'il croyait encore garçon. Il raconta en peu de mots les obligations qu'il avait dues en Afrique à son lieutenant, il se plaça dans la situation d'un protégé; situation qui se continuait, puisqu'on voulait bien lui faire un accueil si aimable. Catherine eut le bon goût de ne pas s'absenter pour ajouter quelque chose à sa toilette, et de ne rien modifier au déjeuner. On se mit à table. Pauline fut laissée à sa place, et Jeannette servit avec son costume de cuisinière. Dans les rares occasions où on avait du monde à la poste, on faisait venir un postillon qui possédait une tournure de domestique. Étienne parla bien de l'appeler, mais Catherine lui fit observer tout bas que ce serait prétentieux, et le duc lui vint en aide en vantant la bonne apparence du couvert.

Le déjeuner était fort. Clermont avait l'habitude de le commander lui-même, et ne songeait jamais qu'aux plats qu'il aimait. Un civet d'oie, un gigot à l'ail et un rôti de porc suffirent très-complétement à apaiser l'appétit du voyageur.

Il ne pensa pas longtemps à manger. Il avait été frappé, dès la première vue, de la beauté et des manières de Catherine. Elle ne s'était pas livrée à beaucoup de discours, mais sa voix avait toujours la note juste. La douce innocence répandait son charme involontaire, et Tiburce, après un quart d'heure, se demandait tout bas comment une telle perfection avait pu s'allier à Étienne. Il est inutile que nous disions au lecteur qu'il devint amoureux : seulement, il faut qu'on sache que l'invasion de l'amour en lui fut spontanée, et causée par deux regards et une simple phrase.

Quant à elle, elle pensait si peu à aimer, qu'elle n'éprouva rien d'abord devant celui qui devait jouer un si grand rôle dans sa vie. Sa droiture n'admettait jamais une exception à ses devoirs. Elle se sentit bien en communication plus facile avec la nature de M. de Montbarrey qu'avec celle d'Étienne : elle vit bien qu'elle était plus vite devinée et moins contredite ; elle reconnut aussi que Tiburce était beau, et fier, et bon : que la vie serait agréable dans son intimité, qu'il obéissait facilement à un désir, sans qu'il fût nécessaire de le formuler ; mais, en reconnaissant tout cela, elle n'eut aucunement la pensée de comparer, et sa sympathie pour Tiburce n'ôta rien aux mérites d'Étienne et à l'estime qu'elle pouvait conserver pour elle-même.

La conversation roula d'abord sur les aventures du duc. Catherine se serait gardée de le questionner ; mais Clermont le poussa sur ce sujet, et il raconta à peu près tout, en rendant tout plus acceptable. Ainsi, en peu d'instants, Tiburce ne fut plus un étranger pour Catherine.

— Vous voilà très-riche, dit Étienne avec un peu d'envie. Je n'avais pas su le fin mot de tout cela au régiment. Joseph, si je m'en rapporte à mes souvenirs de catéchisme, fut moins récompensé que vous.

— Ne me faites pas un trop grand mérite de ma sagesse, dit Tiburce. Rien n'est plus méprisable qu'une femme qui s'offre. Je trouve presque plus de dignité dans celle qui se vend.

— Maman, dit Pauline, comment une dame peut-elle donc se vendre?

— Va jouer, mon enfant, répondit Catherine. Tu oublies toujours que ta fille t'écoute! ajouta-t-elle en se tournant vers son mari.

— C'est ta faute! Je voulais la faire manger à la petite table. Elle nous gêne.

Catherine regarda tristement Étienne.

— Je ne veux pas faire de morale à mon lieutenant, dit Tiburce en souriant doucement; mais un père ne doit pas se plaindre de son enfant qui lui fait comprendre que sa parole est étrange. Au surplus, c'est moi qui parlais, et je demande pardon aux oreilles de madame.

— Bah! elle en entend bien d'autres! Je l'ai habituée à nos récits de garnison; car j'ai aussi mes histoires, moi!

Montbarrey souffrit pour Catherine. Il détourna la conversation ainsi :

— Vous êtes disposé aux confidences?

— Absolument. N'est-ce pas que ce vin de la Loire délie la

langue! J'achète mes provisions d'esprit deux cents francs le tonneau. Je ne me reconnais plus quand j'ai bu un doigt de ce nectar. Chacune de ces bouteilles vaut un volume de Voltaire, et donne son bouquet à chaque phrase.

— Trouvez-vous, madame? demanda Tiburce.

— Je ne bois que de l'eau, monsieur.

— Mais de quoi parlions-nous? reprit Étienne.

— J'implorais de vous une confidence.

— C'est vrai. Ordonnez.

— Elle est bien grave!

— Tant mieux! je serai très-indiscret.

— Où avez-vous trouvé la jeune fille qui s'est appelée madame Clermont?

Étienne s'attendait à être questionné sur des bonnes fortunes moins légitimes. Il en voulut à Montbarrey de le mettre sur un chapitre si moral, et répondit brutalement :

— Dans l'étude d'un notaire.

Catherine rougit.

Mais il fallait empêcher que son mari ne se rendît odieux en plaisantant sur elle. Elle reprit :

— Ce notaire était l'ami intime de mon père, monsieur, et il ne lui a jamais mieux prouvé son amitié qu'en me faisant épouser M. Clermont.

Étienne fut flatté, et il voulut rendre la politesse à sa femme.

— Ma foi, autant cette histoire-là qu'une autre, dit-il. Mais pourquoi voulez-vous donc la savoir?

— Pour apprendre comment on devient heureux.

Cela fut dit avec une mélancolie rêveuse qui indiqua à Catherine que ce n'était pas un compliment qui s'essayait, mais une vérité qui s'échappait.

— Vous voulez donc faire une duchesse de Montbarrey? dit Étienne. Eh bien! voici comment votre lieutenant s'est marié. J'avais rendez-vous chez M. Mortagne le notaire. Madame ne se doutait de rien. J'étais venu à cheval. Il pleuvait...

— Dites tout de suite, interrompit Catherine, que j'ai poussé l'entraînement jusqu'à exiger que vous vous chauffiez les pieds. Vos bottes fumaient. J'ai daigné dire qu'un pareil temps était déplorable.

— Voilà la première entrevue, reprit Étienne.

— Et la seconde?

— La seconde? c'était un dîner chez M. Mortagne. On m'avait placé à côté de Catherine. J'eus la délicatesse, quand le poulet passa, de lui laisser l'aile. Catherine fut touchée. Nous la partageâmes. Et voilà comment nous nous aimâmes.

— Et la troisième visite? dit Tiburce.

— Ce fut à la mairie, puis à l'église.

— Et de tout cela, reprit Catherine, de toutes ces circonstances sans valeur, il est résulté que, comme Étienne est la loyauté même, la vie me sourit, ma condition m'enchante, et je ne demande rien à Dieu.

— Pas même que j'aie un peu plus de cheveux? interrompit Clermont, qui devenait chauve.

Il n'avait pas été nécessaire que la conversation allât plus loin pour que Tiburce comprît en quel désaccord d'âme Catherine devait être avec son mari. Mais il la voyait en même temps si volontairement résignée, que sans doute elle ne s'apercevait pas qu'elle fût sacrifiée. Il voulut au moins lui faire un peu de bien par une appréciation indirecte d'elle, et il lui dit :

— Avez-vous une sœur, madame?

— Non, monsieur. Mais pourquoi?

— Pour rien!

Il mit un tel traînement involontaire et triste sur ce mot, que, pour la première fois, Catherine pensa qu'elle lui avait remué le cœur. Elle porta à sa bouche son verre qui était vide, espérant que Tiburce ne s'apercevrait pas qu'elle avait légèrement rougi.

Lui, cependant, se disait que s'il restait plus longtemps auprès de Catherine, il descendrait une autre pente plus menaçante. Il avait toujours vu sur les champs de bataille que les opérations douloureuses doivent être faites promptement.

Il se leva.

— Étienne, dit-il, voulez-vous être assez bon pour demander des chevaux?

— Des chevaux? Avez-vous l'intention de faire une promenade avec Catherine? Elle monte très-bien.

Tiburce vit une délicieuse journée, et une longue route dans la montagne, disparaissant sous ses pieds heureux ; car il irait à pied pour être plus près d'elle et pour lui porter secours. Il vit aussi que son mari était bien vulgaire et qu'un roman pouvait commencer avec ces personnages ; mais Tiburce eut du courage contre son sentiment, et il répondit :

— Non, je parle de vos chevaux de poste. Je vais partir.

Depuis un moment Clermont pensait que son rendez-vous

avec Adèle serait fort troublé par Tiburce. Une occasion s'offrait de recouvrer sa liberté; il fut tenté de la prendre. Mais, d'un autre côté, ses exigences de maître de maison réclamaient une objection, et il n'était pas fâché de présenter un duc à ses amis.

— Vous allez partir? dit-il. Vous m'aviez promis de rester jusqu'à demain?

— Jeannette a fait votre chambre, ajouta Catherine.

— Si Jeannette a fait ma chambre! répondit-il avec la joie d'être retenu.

— Et nous devons aller au café.

— Si nous devons aller au café! répéta-t-il avec moins de chaleur.

— Vous m'avez fait une peur! reprit Clermont.

— Vous êtes trop bon.

— Vous ne vous dédirez plus?

— Non.

— Je veux que vous ne vous ennuyiez pas ici. Partons!

— Nous laissons madame?

— Je vous dis que notre village a de grandes ressources. Je prétends que vous preniez une bonne idée du pays. Qui sait?

— Mon opinion est faite.

— Je m'expliquerai là-bas, dit Étienne.

Ils allumèrent un cigare.

Tiburce cherchait lentement son chapeau, et se retournait pour voir Catherine.

— Dépêchons-nous, dit Étienne, on doit être inquiet de moi là-bas.

Le café était situé dans la grande rue, à l'angle du chemin

conduisant chez M. Mortagne et chez le docteur Champanelle. Quoique ce fût le plus somptueux du village, on y vendait du vin les jours de foire. Cet asile de la gaieté était sépulcral. Une grande pièce longue et basse de plafond, à laquelle on arrivait par deux marches discordantes; un large billard taché d'huile; un poêle démonté en cette saison, et qui ne se laissait deviner que par la traînée que le cornet avait tracée sur le mur; quelques chaises de paille auprès des tables de noyer, et sur tout cela une odeur de limonade gazeuse, de cartes grasses et d'huile brûlée. Malheureusement on n'y fumait pas toujours, car la senteur chaude et saine du tabac purifiait et emportait les autres émanations. Les fenêtres avaient des prétentions de rideaux lessivés par les mouches. Un laurier, qui sentait l'absinthe, séchait dans un coin. En dehors, deux bancs verts, un sur la rue et l'autre sur le petit chemin. Ces deux bancs avaient leur signification. Les conservateurs ne s'asseyaient jamais que sur celui de la rue. L'opposition était privée de ce spectacle. L'homme qui tenait le café, ancien huissier, se nommait Blanchemain.

C'était pour cette oasis que Clermont quittait sa femme toute la journée. Nous n'avons pas à nous occuper des habitués du café de l'Ordre. Étienne fit une certaine sensation en entrant, non à cause de celui qui l'accompagnait, et que les plus fins prirent pour un commis-voyageur, mais parce qu'il fallait un événement bien grave pour qu'il vînt si tard. Il n'adressa la parole à personne, ne leva point sa casquette, marcha d'un pas important vers une table devant laquelle un monsieur buvait un verre d'eau sucrée, et dit très-haut :

— Docteur, je vous présente le duc de Montbarrey, un de mes amis.

Étienne réussit comme il l'avait espéré. Toutes les têtes se tournèrent vers lui ; et le duc fut cause que Blanchemain, qui jouait à l'écarté, oublia de marquer le roi.

Avant que la conversation ne s'engage, il est nécessaire que nous fassions connaissance avec le docteur Champanelle.

Il avait quarante ans ; il portait des lunettes et toute sa barbe. Il n'était pas beau, et un air paterne trompait en lui au premier abord ; il marchait mal, comme ceux qui sont toujours à cheval, et prenait beaucoup de tabac. C'était presque un grand homme en médecine. Soit qu'il eût arraché dans ses veilles et dans ses expériences leur dernière signification aux simples de la plaine et de la montagne, soit qu'un hasard lui eût presque toujours jusque-là fait mettre la main à l'endroit du corps souffrant par lequel la vie allait s'échapper, et où il pouvait la retenir, il ne perdait que très-rarement un malade, et avait ainsi une réputation d'infaillibilité. Les Orbes rayonnaient, par les grandes routes, sur une assez grande partie d'un territoire peuplé. M. Champanelle aima mieux être le premier aux Orbes que le second à Paris. Il faisait souterrainement une grande fortune, et par le procédé suivant : il était désintéressé neuf fois sur dix ; mais à la dixième, quand le malade ressemblait déjà au mort, quand les cœurs des survivants s'ouvraient et laissaient échapper toutes les promesses, M. Champanelle garantissait la vie, se faisait souscrire en échange une obligation énorme et qu'on ne marchandait pas à ce moment-là, puis se penchait sur le mourant, le scrutait avec génie et le relevait. Le docteur possédait ainsi en portefeuille et par de simples billets, sur le revers de toutes les pentes du canton, des terres, des prés et des vignes, qui, réunis, auraient fait un immense domaine. Il n'expropriait jamais, se réservait de faire valoir ses titres plus tard, et se contentait de toucher la rente. Personne que ses dupes, qui n'osaient pas publier leur sottise, ne se doutait de sa fortune et de son insatiabilité. Il était extrêmement protégé par l'église. Il avait pris le contrepied des doctrines religieuses de la plupart de ses confrères, et, sans croyance aucune, affichait la dévotion. Il ne donnait pas de consultations le dimanche, et comme il ne manquait ni la messe ni les vêpres, on aurait frémi de supposer que le pieux savant entretînt des maîtresses, et la nuit, quand ses portes étaient closes, chantât d'infâmes couplets avec les filles qu'il avait séduites. Le docteur n'avait donc d'autre réputation que celle de son austérité, de son mépris de l'argent et de sa science. C'était naturellement une des personnalités les plus importantes du pays. Il ne faisait que de rares apparitions au café, mais il se montrait toujours particulièrement aimable pour Clermont, dont il avait accouché la femme. Il n'avait jamais pris de parti en politique; il était appelé dans les châteaux aussi bien que dans les ateliers; on applaudissait à sa neutralité comme à une convenance.

Champanelle, qui voyait toujours un client futur dans tous ceux qui passaient sur la route, se leva et salua Tiburce.

— Et qui a motivé le séjour de monsieur le duc aux Orbes? demanda-t-il.

— Mais le plaisir de me retrouver avec un ancien camarade.

— Docteur, dit Clermont, tâchez d'être très-agréable à M. de Montbarrey; il y aurait peut-être une raison pour que nous puissions le garder ici.

— Je ne vois pas..., reprit Tiburce.

— Nous parlerons de cela ce soir. Vous voulez toujours acheter une terre?

— Probablement.

— Eh bien! regardez bien le pays auparavant. Le docteur vous le racontera quand vous voudrez.

Tiburce pria Clermont d'être plus explicite.

— Je ne veux pas, répondit celui-ci: vous penseriez plus tard que l'agrément que j'aurais à vous voir aurait influencé mon opinion. M. Champanelle sera plus impartial. Et même, pour n'être pas entraîné à me prononcer, je vais vous laisser avec lui. Je rappellerai seulement au docteur que M. de Pondhuy n'est pas dans de belles affaires.

Et Clermont sortit, enchanté d'avoir trouvé un prétexte pour rejoindre Adèle.

Tiburce ne put se retenir de paraître étonné du sans-façon du maître de poste et du tête-à-tête qu'il lui imposait avec un étranger.

M. Champanelle voulait être amusant et croyait que, pour y arriver, il fallait passer par la médisance.

— N'en voulez pas à Clermont, monsieur le duc, dit-il, la raison qui l'a fait sortir est souveraine quand on a de certaines mœurs. Voyez-vous, à gauche, cette maison derrière les peupliers?

— Je la vois, répondit Tiburce qui regarda à peine.

— Dans cette maison, il y a une jolie fille, et c'est là que Clermont est allé.

Tiburce pensa à Catherine, et eut un mouvement d'indignation.

— C'est impardonnable! dit-il.

— Je suis exactement de cet avis. Qu'on soit infidèle à une autre femme pour madame Clermont, cela se comprend; mais qu'on soit infidèle à madame Clermont...

Montbarrey n'aimait pas que le nom de Catherine fût dans la supposition faite par Champanelle. Il lui coupa la parole :

— Vous avez bien voulu vous charger de me donner des renseignements sur une habitation qui est à vendre, dit-il; car dès ce moment il pensa qu'il aurait peut-être quelqu'un à protéger aux Orbes.

— Il n'y a rien à vendre positivement; mais il y a le possesseur d'une fort belle terre qui passe pour être très-gêné. Il s'agit de M. de Pondhuy, ajouta-t-il en parlant bas, et du château que vous avez peut-être vu en arrivant.

— Je l'ai entrevu. Et son prix serait?...

— Le domaine rapporte douze mille francs et on ne le payerait pas cher quatre cent mille francs; mais à cause des circonstances que j'ai eu l'honneur de vous apprendre, on l'aurait pour la moitié de son prix.

Champanelle avait supposé qu'il se gagnerait le duc en lui indiquant une bonne affaire; le duc, au contraire, recula sa chaise de celle du docteur.

— J'irai visiter le château, et s'il me convient j'en donnerai quatre cent mille francs, répondit-il.

— C'est un niais! pensa Champanelle. Cependant, ce niais pouvait devenir un personnage, et il était sage d'entrer dans ses bonnes grâces en flattant ses idées et en se posant bien.

— M. de Pondhuy, reprit-il, au lieu d'avoir été élevé chez des prêtres, a eu le malheur d'être confié à l'Université ; elle lui a donné une liberté d'examen qui l'a soustrait à toutes les règles. Il n'allait pas aux offices ; il se montrait en fâcheuse compagnie à Paris, dans tous les spectacles et les bals publics, et quand ses revenus n'ont plus été en rapport avec les nécessités de ses goûts, il s'est renfermé aux Orbes, où il a transporté tous ses vices.

— Pardon, monsieur ! répondit Tiburce avec un regard peu respectueux, je me suis déjà ruiné une fois.

Champanelle arrangea ses lunettes pour se donner le temps de réfléchir à une réponse :

— On peut se ruiner aussi par la bienfaisance, dit-il.

— J'ai entretenu des maîtresses.

— Si elles avaient besoin de vous pour vivre...

— Et je ne me suis pas confessé depuis ma première communion.

— Sans doute parce que vous n'auriez rien eu à dire, monsieur le duc.

— Appartenez-vous aux Ordres, monsieur Champanelle ?

Champanelle se sentait bafoué. On écoutait aux tables voisines. Il voulait rester dans son rôle et ne pas être compromis à l'évêché.

— Pas encore, monsieur.

— Nous causons depuis un quart d'heure : vous m'avez déjà

dit du mal de la jeune fille qui habite cette maison, de M. Étienne et de M. de Pondhuy ; vous auriez beaucoup à réformer en vous avant de devenir prêtre.

Et comme Champanelle l'ennuyait, il se leva et retourna à la poste.

IV

Adèle habitait une fort modeste maison qui donnait dans le chemin sur lequel le café de l'Ordre était en retour ; elle se voyait après le pont en planches sur la rivière. Rien n'indiquait que la propriétaire de ce logement eût la théorie très-avancée sur l'économie domestique qu'on va lui voir pratiquer. Sa maison ne se composait que d'une pièce en bas, où elle faisait sa cuisine et recevait ses ouvrières, et de deux chambres en haut, l'une qui était la sienne et dans laquelle, si on y pénétrait, on trouvait un ameublement fort simple ; l'autre un peu plus mondaine, et dont le public ne connaissait pas l'usage. Adèle Magny ne donnait ostensiblement l'hospitalité à personne, et cette deuxième chambre avait un lit.

Les commérages ne pouvaient rien reprocher à la vie intérieure d'Adèle. Ses robes n'étaient pas trop chères. Elle communiait régulièrement à Pâques, et n'allait que très-rarement aux danses. Elle donnait 50 francs par an à son grand-père, et c'était beaucoup pour le peu qu'elle devait gagner. Elle faisait elle-même son petit ménage, et avait des chats qu'elle paraissait aimer. Les ouvrières qu'elle employait travaillaient chez leurs parents ; elle n'admettait que celles dont la réputation était intacte, et les soldait très-régulièrement. La pauvre fille faisait maigre toute l'année, puisqu'elle ne mangeait que du maïs et des pommes de terre. La seule chose qu'on pouvait lui reprocher, et on ne manquait pas de le faire, c'était d'avoir toujours les mains très-propres, malgré le travail. A quelque heure de la journée ou de la soirée qu'on arrivât chez elle, on attendait une minute, car sa porte était scrupuleusement fermée, et on la trouvait installée en bas, avec son dé et une aiguille entre les doigts. Voilà pour la vie publique.

La vie intime avait ses précautions savantes. La maison ne possédait pas de jardin, mais un ancien cimetière, qui gardait encore quelques croix de bois, longeait la muraille, montait du côté des vignes et faisait merveilleusement pousser les plantes belles et touffues. Les herbes étaient assez hautes pour qu'il fût possible d'arriver des vignes dans le cimetière, et du cimetière dans la maison sans être vu. Qui aurait pensé que quelqu'un pénétrât par là ? Il eût fallu marcher sur les os des anciens morts. La demeure sentait le renfermé. Cependant si par hasard la seconde chambre du haut était ouverte, il s'en échappait des parfums inconnus à la campagne, et qui embaumaient l'escalier en échelle. Adèle vivait de rien. Pourtant des vignerons avaient trouvé des écailles d'huîtres semées au hasard sous les ceps, des fragments de terrines et des cous de bouteille. Mais ils ne pouvaient venir que du château, de la poste ou de l'hôtel, et des accidents les avaient portés là. Les deux chats n'étaient-ils pas un grand luxe pour un si petit ménage ? Il s'était remarqué qu'aussitôt que quelqu'un frappait, ils miaulaient, et qu'alors des pas assourdis descendaient des degrés. Mais toutes ces conjectures étaient emportées par le vent bienveillant de l'opinion publique.

Étienne n'était pas venu beaucoup chez Adèle et il ignorait encore la petite entrée. Il se présenta donc hardiment ce jour-là à la porte. Les chats miaulèrent, Adèle descendit.

— Attendez dans le cimetière, dit-elle. J'ai quelqu'un.

— Ce quelqu'un ne serait-il pas M. de Pondhuy?

— Vous êtes bien curieux.

— J'écouterai.

— Écoutez!

Adèle remonta.

Elle était la maîtresse de M. de Pondhuy. Étienne le savait, et c'était une des raisons qui l'avaient désignée à son attention. Elle lui coûterait moins : on ne soupçonnerait pas le bourgeois, si on apercevait le gentilhomme. M. Clermont était un bon père de famille.

Il traversa la chambre et arriva au cimetière.

Il faisait chaud. Deux heures sonnaient à l'église. La fenêtre d'en haut était obligeamment ouverte. Étienne s'assit sur une tombe attendit et entendit.

M. de Pondhuy avait quarante ans : il était usé.

— Qui est venu? dit-il.

— M. Étienne, pour la robe de sa dame.

— Si tu voulais, Adèle, tu ne ferais bientôt plus de robes.

— Tant pis pour les bourgeoises d'ici. Je les fais bien.

— Tu es riche, tu devrais te marier.

Adèle ouvrit ses grands yeux de surprise.

— C'est vous qui me conseillez cela?

— C'est moi.

— Je vous suis donc tout à fait indifférente?

— Au contraire. Tiens, Adèle, je vais te donner une preuve de mon amour que tu n'attends pas. Il y a longtemps que j'ai envie de te dire cela. Mais ça va te paraître si drôle!

— Dites toujours. Ici, je peux rire.

— J'ai envie...

— Vous avez honte de ce que vous dites.

— J'ai envie de me marier.

— Avec qui? Vous n'êtes guère de défaite!

— Avec une femme qui ne me refusera pas.

— Elle se nomme?

M. de Pondhuy s'était donné du courage en marchant dans la chambre. Parvenu à cette conclusion de son discours, sa voix trembla comme celle [de quelqu'un qui va dire une infamie]; il s'assit sur le pied de lit.

— Elle se nomme Adèle Magny.

— Moi! s'écria-t-elle.

— Toi!

Elle n'éclata pas de rire, elle ne rougit pas de plaisir, elle devint toute pâle.

— C'est une folie, reprit-il; mais je t'aime, et je ne veux plus que tu ailles comme cela ouvrir à M. Clermont.

— Ah! monsieur, vous êtes bien plus bas que je ne craignais.

— Je ne me suis jamais mieux porté. Que veux-tu dire?

— Vous n'avez donc plus un liard dans votre poche, que vous me proposez cette chose?

— M'avez-vous compris, mademoiselle Magny? Je suis le marquis de Pondhuy et je vous propose de vous épouser.

— Ça mérite qu'on cause! Causons! dit-elle.

Elle parut réfléchir un moment, puis elle reprit :

— Vous n'avez pas été mon premier amant, quoique je vous l'aie dit et que vous l'ayez cru ; vous ne serez pas le dernier.

M. de Pondhuy ne se trouvait pas en position de s'étonner ou de s'indigner de cette franchise.

— Par rapport à cela, continua-t-elle, vous me regardez comme je regarde une étoffe qui a été tachée. Nous savons tous deux que la tache reparaîtra au grand jour. Quant à m'aimer les yeux fermés et faire une pareille bêtise avec le cœur, vous avez eu trop de demoiselles de la ville qui vous faisaient plus d'honneur que moi, pour que je donne dans cette couleur-là. Il y a une autre manigance dans la proposition que vous me faites.

— Adèle, lui dit-il en prenant sa main, je suis à un âge où l'on sait de quel côté est son bonheur et presque son devoir.

Elle retira sa main et répondit brutalement :

— Nous n'avons pas eu d'enfants, et je ne vous prie pas de rien réparer. Voulez-vous que je vous dévoile la vérité, que vous n'osez pas m'apprendre?

— Je te jure que je t'ai tout dit.

— Retournons à autrefois, répondit-elle. Vous m'avez prêté vingt mille francs pour cette maison...

— Quand je prête à une aussi jolie fille que toi, je considère que le prêt est une donation. Je n'aurais plus un cigare à me mettre sous la dent, que je ne te demanderais jamais...

— Plus, continua-t-elle, trois mille francs à la Saint-Loup, pour acheter un homme à mon cousin, qui était tombé...

— Quelle mémoire tu as ! dit M. de Pondhuy qui s'efforçait de rire.

— Plus trente écus, l'autre hiver, pour acheter du lard, parce que vous trouviez que je maigrissais...

— Ne me parlez pas davantage de toutes ces niaiseries.

— Plus, continua-t-elle, quinze mille francs, pour payer des dettes criardes de mon grand-père.

— Je ne me rappelle pas, interrompit encore M. de Pondhuy, qui se sentait fort mal à l'aise.

— Ce qui ferait en tout trente-huit mille soixante francs et les intérêts que je vous redevrais, si je ne vous avais pas remboursé autrement, car je sais ce que je vaux. Eh bien ! maintenant, vous dites : Adèle est une rusée ; sa bicoque ne lui a pas coûté vingt mille francs ; son cousin est mort à l'armée ; elle n'a jamais acheté de porc, elle est bien trop propre pour cela, et le père Privat ne pouvait pas avoir pour quinze mille francs de dettes. Adèle est un parti comme je n'en trouverais pas deux, à présent que je suis ruiné. Revoyons mes louis et épousons-la.

M. de Pondhuy frémissait de voir crevé au jour un calcul qu'il n'avait osé se faire qu'instinctivement ; mais il ne trouvait rien à répondre.

— Oui, continua-t-elle, Adèle Magny, qui a peut-être bien encore d'autres économies, serait une riche dot pour votre misère ; mais Adèle Magny vous refuse.

— Prends garde, reprit M. de Pondhuy exaspéré, je pourrais te forcer.

— A quoi? dit-elle audacieusement : à une restitution? Mais cet argent, je l'ai bien gagné. Faites venir un juge, n'importe lequel : qu'il compare mes cheveux, ma taille, ma santé, ma jeunesse, à vos rhumatismes et à vos imperfections, et qu'il ose dire que je vous ai surfait. Raisonnons froidement, monsieur. Ce mariage me ferait marquise, soit! mais il vous ferait deshonoré. Je vous le sauve, bénissez-moi!

— Quoi! s'écria M. de Pondhuy, cette fille ne veut pas d'un nom auquel les plus grandes familles se sont alliées! Mon aïeule maternelle était une...

— Je n'ai pas besoin de savoir qui elle était, interrompit Adèle; mais croyez-moi, en vous refusant, je la respecte plus que vous ne faites.

— Adèle, dit M. de Pondhuy qui ne voyait que son idée, je te conduirai à Paris, où on ne te connaît pas...

— On m'y connaîtrait vite, reprit-elle. Vous êtes donc parmi ceux qui forcent les gens à tout leur dire? Je vous refuse parce que je suis d'un sang à ne pas se contenir dans le mariage. Je vous refuse parce que je vous tromperais, parce que j'en aime un autre...

Elle lançait sa voix par la fenêtre en prononçant ces mots. Ils tombaient comme des promesses sur la tête d'Étienne.

M. de Pondhuy se dirigea vers la porte. Il semblait plus calme, comme s'il eût pris une autre résolution.

— Après tout, vous avez raison, dit-il, et vous appartenez à une assez vilaine engeance. J'avais espéré que l'honneur que je vous faisais vous ramènerait à bien. Maintenant, vous ne serez pas étonnée si je ne vous parle plus jamais de cette absurdité.

Je ne suis pas si à bout de ressources que vous le croyez, et je pourrais peut-être encore vous prêter de l'argent. Ma terre vaut plus que les billets que j'ai souscrits. Quand doit venir chez vous mon successeur?

— Ce soir, répondit-elle effrontément.

— Adèle, vous êtes bien jolie, et malgré cela...

— Vous allez être impertinent, monsieur!

— Non; je serai vrai... Malgré tous vos charmes, je le plains!

Et il se dirigeait vers la petite porte donnant sur le cimetière, car ils avaient descendu l'escalier. Adèle lui fit traverser la pièce du bas et le mena vers le chemin.

— Par ici, monsieur de Pondhuy, je vous fais les honneurs de la grande porte, à présent.

— Parce que? demanda le marquis.

— Parce que la petite vous sera toujours fermée.

Le pauvre M. de Pondhuy, bien brisé, bien avili, bien malheureux, retourna au château.

Étienne entra.

Étienne avait amèrement réfléchi pendant la conversation entendue. Il allait donc, lui aussi, s'engager sur cette route qui menait à la ruine? Adèle n'appartenant plus à M. de Pondhuy, retomberait à sa charge. Il voulait s'amuser, mais il n'entendait pas aliéner une parcelle des bonnes terres qu'il avait eues de la succession paternelle. Il se déterminait à renoncer à l'aventure et à fuir par les vignes, quand Adèle l'appela.

La jeune paysanne était déjà très-avancée dans ses études sur le cœur des hommes. Elle savait comment prendre celui-ci et atténuer le danger des révélations faites par M. de Pondhuy.

Elle conduisit Étienne dans sa chambre à elle, laquelle ne trahissait en rien la courtisane.

— Maintenant, lui dit-elle, en prenant la première la parole, demanderez-vous encore si je vous aime?

Étienne voulut avoir l'air de ne pas comprendre.

— Jusqu'à présent, dit-il, vous ne m'avez pas donné des preuves sans réplique.

— Ah! reprit-elle, que faut-il de plus que ce que je viens de faire? S'il y a une chose qui nous rende folles de joie, nous autres pauvres filles des campagnes, c'est la possibilité de devenir tout d'un coup des dames, d'écraser celles qui ont été fières avec nous et de nous faire envier par nos rivales; eh bien! M. de Pondhuy m'offrait cela de bon cœur! J'aurais été plus huppée que pas une bourgeoise du département! J'aurais eu le droit de ne pas reconnaître madame Clermont! Je me serais fait prier pour aller à la préfecture, pour donner le pain bénit, pour baptiser des cloches; que sais-je? Est-il nécessaire que je vous apprenne pourquoi j'ai tout refusé?

Elle l'avait fait asseoir, et, tout en parlant, elle ôtait sa coiffe et laissait tomber sur ses épaules ses beaux cheveux qu'il n'avait pas vus encore, puis elle les relevait et les maniait comme une gerbe d'or, et le peigne semblait en tirer des étincelles. Cependant Étienne résistait encore et détournait les yeux.

— Après tout, mademoiselle, disait-il, il faut être rond en affaires...

— Il appelle cela une affaire! reprit-elle d'un ton irrité.

Étienne hésitait; cependant il ajouta :

— Je sais bien que je suis aussi riche que l'était M. de Pondhuy ; mais j'ai une famille. Vous êtes trop belle pour moi !

— C'est donc cela ! répondit-elle en riant ; vous avez peur de moi, monsieur Clermont?

— J'ai peur d'être ébloui.

— Pauvre garçon, qui ne se connaît pas lui-même !

Puis elle reprit gentiment :

— Vous avez trente ans, et lui cinquante. Votre habitude de commander aux hommes a fait que les femmes ne peuvent pas vous entendre sans abandonner leur volonté, et lui ne se ferait pas obéir seulement d'un nègre ! Vous avez l'air brave, et M. de Pondhuy tremble devant son ombre ; vous êtes beau, et il est risible. Je le haïssais : voilà pourquoi je l'ai fait payer.

Étienne se sentait enivré d'orgueil ; il croyait de lui tout ce qu'en disait Adèle, et il la trouvait adorable de le lui répéter.

— Car c'est vrai, reprit-elle en rougissant, c'est vrai, sur l'honneur de Dieu, que je me suis vendue ! Et savez-vous pourquoi, Clermont?

— Ne me parlez point du passé.

— Au contraire, je vous y retrouve ! J'avais douze ans, j'allais au catéchisme ; vous reveniez passer les vacances ici avec votre bel uniforme de Saumur. Mon cœur vous suivait et montait sur vos épaulettes, comme aurait fait un oiseau privé. Je me glissais derrière les buissons pour vous regarder quand vous alliez à la chasse ; je tremblais comme un nuage rien qu'en voyant votre fusil reluire au soleil. Je me mettais sur votre sentier comme une pauvresse, prête à vous demander votre amitié comme aumône ! Je me disais : quand il reviendra de ses guerres, il me trouvera grande; il ne pourra pas être mon mari, mais il sera mon amant!

— Imbécile que j'étais, interrompit Étienne, je n'ai rien deviné!

— Vous êtes revenu en effet! J'étais sage encore, mais je ne me privais pas de tout vous dire avec mes yeux. Toutes mes peines ont été perdues. Vous avez épousé celle qui est madame Clermont.

— Si j'avais su! j'aurais retardé de trois mois, dit-il.

Elle le regarda, et son regard aurait prouvé l'estime où elle le tenait; mais elle sut le fondre dans la douceur, et continua :

— C'est alors que je me suis dit : puisqu'il te méprise, méprise-toi! puisqu'il ne veut pas te voir, perds-toi! Et j'ai fait le marché honteux.

— N'exagérons rien, répondit Clermont : il n'y a jamais de honte sur une aussi jolie femme que vous!

— Au moins, reprit-elle, j'ai trouvé dans les habitudes de ma vie le courage de venir hardiment vers vous aujourd'hui. M'en voulez-vous?

Et elle s'était assise sur une chaise près de lui, si près qu'il sentait sa poitrine se soulever contre le dossier de sa chaise.

— Si je suis à vous, reprit-elle, comme pour soulager son âme, me promettez-vous une chose?

— Tout ce que vous voudrez! dit-il avec entrain.

— C'est que jamais, quoi qu'il arrive, par respect pour mon amour, vous ne m'offrirez rien.

Clermont ne demandait pas mieux que de jurer, et jura.

En bas, une des chattes miaulait.

— Quelqu'un vient, dit-elle ; je vais voir... Restez là.

Elle traversa la grande pièce, et ouvrit.

C'était M. Mortagne.

Adèle frémit de déplaisir.

— Qu'y a-t-il pour votre service, monsieur? dit-elle.

— Fille Magny, dit-il, êtes-vous seule?

— Oui, monsieur, répondit Adèle déjà inquiète.

Elle était certaine que Clermont ne bougerait pas et ne pourrait rien entendre.

— Mais que me voulez-vous donc? répéta-t-elle.

— Fille Magny, reprit M. Mortagne, savez-vous à quel chiffre monte votre fortune?

Elle trembla.

— Pas bien haut! dit-elle, pourtant.

— Vous avez cent mille francs placés dans mon étude.

— Ne parlez pas si fort!

— Vous disiez qu'il n'y avait personne?

— Ici ; mais dans le chemin!

— Vous avez raison, il ne faut pas qu'on sache...

— J'ai tant d'ennemis!

— Moins que d'amis, paraît-il!

— Monsieur! dit-elle, comme s'il l'offensait.

— Mademoiselle, nous avons fait tous les deux un vilain métier jusqu'à aujourd'hui. Il est grand temps qu'il prenne fin.

— Que voulez-vous dire, monsieur Mortagne?

— Vous, en envoyant chez moi de pareils dépôts, moi, en les acceptant. Hier on est encore venu m'apporter trois mille francs de votre part.

— Je travaille beaucoup, essaya de répondre Adèle.

M. Mortagne haussa les épaules.

— Enfin, reprit-il, je ne veux pas garder plus longtemps chez moi de l'argent gagné d'une manière suspecte.

— N'ai-je pas payé votre commission?

— Son voisinage fait tort aux capitaux honnêtes que le labeur courageux veut bien me confier. Malheureusement la monnaie ne garde pas la trace de la main par laquelle elle passe. Je pourrais m'y tromper et rendre à une personne vertueuse l'or que vous auriez touché. Cela n'arrivera point, puisque je vous le rapporte.

— Vous me le rapportez? fit-elle au comble de l'épouvante.

— Nous allons compter, si vous voulez bien.

Et il tira de ses larges poches une liasse de papiers timbrés, une autre de billets de banque et vingt rouleaux d'or qu'il plaça sur la table.

Elle se jeta sur ses mains comme pour l'empêcher de continuer et elle cria d'une voix coupée d'émotion :

— Tant d'or et de billets à la maison! Mais vous voulez donc qu'on m'assassine?

M. Mortagne la regarda à travers un sourire assez insultant.

— N'avez-vous pas une garnison quelquefois? dit-il.

Elle n'apprécia pas l'injure, livrée qu'elle était à la crainte.

— Et que ferai-je de tout cela? comment tirerai-je les intérêts?...

— Cela ne me regarde pas.

— Vous voulez ma ruine et ma mort!

M. Mortagne défaisait les rouleaux.

Une pensée désespérée vint à Adèle. Peu d'hommes lui résistaient. M. Mortagne n'était pas d'un âge à rester insensible. Elle s'approcha, apprêtant une physionomie, rêvant aux caresses qui ne la fissent pas rudoyer.

M. Mortagne devina peut-être.

— Fille Magny, lui dit-il, je crois que les voleurs font moins de mal à un pays que les courtisanes, et dans votre intérêt, pour votre avenir, je désirerais sincèrement qu'une bande de malfaiteurs entrât chez vous, la nuit, et qu'elle vous dérobât cette fortune. Peut-être comprendriez-vous alors qu'elle est maudite et funeste, et ne la recommenceriez-vous pas.

Elle devint pâle, ses bras tremblaient.

— Monsieur Mortagne, dit-elle, votre maison est près de la mienne ; si vous voyiez des voleurs forcer ma porte ?...

— Je les laisserais faire et je prierais Dieu pour vous ! Comptez avec moi ! fille Magny.

Elle s'avança près de la table, anéantie, condamnée, stupide ; ses doigts furent comme brûlés par cet or qu'elle touchait. Elle comptait, mais avec les articulations seulement.

Le notaire sortit.

Elle poussa au hasard les rouleaux et les papiers dans une armoire. Puis bientôt, revenant à l'avarice, elle entassa des chiffons sur ces richesses pour les masquer, mit un meuble devant le placard, et meurtrit sa gorge en y mettant la grosse clef.

Elle jeta de l'eau sur ses joues marbrées, pour y faire revenir le sang. Elle se contempla dans un miroir, jusqu'à ce qu'elle se fût retrouvée.

— Je vais perdre beaucoup à ce que vient de faire M. Mortagne. Retrouvons tout !

Et elle monta.

V

M. de Montbarrey, en sortant du café, avait d'abord eu la pensée de retourner à la poste ; mais il réfléchit qu'il verrait madame Clermont, qu'elle s'étonnerait que son mari l'eût quitté, qu'elle ferait peut-être des suppositions, et qu'il était plus sage d'attendre qu'il eût expliqué lui-même son absence. Tiburce avait donc une heure à perdre. Il dirigea sa promenade vers le château, avec une arrière-pensée, comme on sait.

Il ne voulait le voir qu'extérieurement. Les arrangements des des appartements seraient modifiables suivant les goûts.

Le château était situé sur un monticule. Un chemin en descendait rapidement et se fermait sur la route par une grille. En haut du chemin, une poterne, puis ses deux vieilles tours hautes et noires, d'un grand style féodal, s'avançant sur un bâtiment percé de fenêtres irrégulières et toutes avec un balcon. Ces fenêtres regardaient tantôt à droite, tantôt à gauche, comme les yeux d'un homme inquiet. Un magnifique saule pleureur, accoudé à la tour du midi, et trempant ses feuilles dans un large bassin creusé au bord de l'habitation pour la refléter, donnait une valeur originale à un groupe de pierres. L'eau du bassin.

s'écoulait ensuite par une cascade qui mugissait dans la saison des pluies et qui traversait la route sous un canal rejoignant la rivière. Une haute futaie, percée d'allées larges, s'étageait sur la colline et faisait un parc dont les ombres, les pelouses sombres et les accidents paraissaient renfermer des rêveries. Aux bases de cette colline, derrière elle et des deux côtés, la partie productive du domaine s'étendait en belles plaines de céréales et en prés humides. L'aspect général plut à Tiburce ; il s'aperçut peut-être que de plusieurs endroits on voyait la poste dont on n'était séparé que par un kilomètre. Il avait fait le tour du mur du parc, et revenait à la grille, quand il se rencontra avec M. de Pondhuy sortant de chez Adèle.

Tiburce avait eu la pantomime d'un homme qui observe et qui étudie.

M. de Pondhuy le regardait depuis un moment, tournant sur ses pieds pour voir entre les arbres, et écartant les branches, se haussant avec sa canne. C'était certainement une apparence d'amateur. M. de Pondhuy n'avait plus que la pensée de vendre sa terre. Il s'approcha de Tiburce.

— Monsieur, lui dit-il, mes vieilles tours ont l'air d'attirer votre attention ; je serais heureux, si vous avez cinq minutes, que vous vinssiez les voir de plus près.

Tiburce salua.

— Vous ne me remettez pas, monsieur le marquis ?

Pondhuy fit cette physionomie aimable et béante de celui qui ne retrouve rien et qui se garde d'en convenir.

— J'ai eu l'honneur d'être de votre cercle à Paris ; mais j'étais si jeune alors que vous ne pouvez pas me reconnaître.

— Il me semble...

— Le duc de Montbarrey !

M. de Pondhuy savait que le duc s'était ruiné et ne pouvait donc plus être un acquéreur : néanmoins, il resta fort courtois et invita encore Tiburce à entrer.

— Monsieur, dit celui-ci, ne prolongez pas une tentation irréalisable en la développant. Ce château n'est point à vendre et j'aurais envie de l'acheter. Ne me le faites pas voir de trop près.

M. de Pondhuy rayonna. Cette fantaisie de M. de Montbarrey pouvait le sauver. Il ne se trahit pas.

— Il est vrai que je n'ai jamais songé à vendre, monsieur le duc, ou au moins que mon affection pour mon pays donnerait probablement à cette masure une valeur idéale. Néanmoins, faites-moi l'honneur de la visiter.

Tuburce entra. Il restait gentilhomme, lui. Quand il eut tout vu :

— C'est charmant ! dit-il, et si ce n'était pas en des mains qui veulent le conserver, cela vaudrait ?...

— Cinq cent mille francs ! répondit hardiment M. de Pondhuy.

— Mais vous ne voulez pas vendre ?

— Assurément !

Tiburce pensait combien il serait doux de voir tous les jours Catherine de sa fenêtre !

— Je suis un administrateur très-maladroit, continua M. de Pondhuy. Ceux qui s'y connaissent assurent qu'avec un peu de soin ce domaine rapporterait trente mille francs, et je ne sais pas en toucher vingt-cinq aujourd'hui.

Quand Montbarrey eut entendu cette phrase menteuse, il s'enhardit, pressentant l'homme.

— Pardonnez-moi, monsieur, dit-il : ce que je vais ajouter friserait l'impertinence, si je ne vous prévenais pas que j'ai envie de ceci comme on a envie d'un cheval. Je payerai comptant.

— Cinq cent mille francs !

— En traites sur la Banque.

— L'affaire est conclue, monsieur.

— Pas tout à fait; laissez-moi réfléchir quelques heures pour savoir si j'ai le droit de me permettre une sottise si complète.

— Et dans le cas où vous vous décideriez ?

— Nous nous retrouverions à cinq heures chez votre notaire. Il se nomme?

— M. Mortagne, aux Orbes.

— Eh bien, monsieur, à cinq heures probablement !

Et Tiburce ne savait encore d'aucune manière qu'il aimait Catherine ! Il pouvait retourner à présent, Clermont devait être rentré

Il redescendit à la poste.

Il n'osa pas demander madame Clermont, et pria Jeannette de le conduire dans la chambre qu'on lui avait préparée. Cette chambre était en haut, au-dessus de la cuisine et en face de celle des maîtres de la maison. Quand Tiburce y entra, il y trouva Catherine, venue pour s'assurer que tout avait été installé. Elle ne sut pas pourquoi elle rougit un peu en se trouvant surprise dans cette visite.

— Je vous demande pardon, monsieur le duc, dit-elle; je

n'ai aucun droit d'être là. Vous voyez combien M. Clermont a été
audacieux en vous retenant.

— Madame, reprit Tiburce, je ne suis pas un duc : je suis
un soldat, à peine un camarade de Clermont, et je couchais
à l'écurie quand il était sous une tente. Je vous supplie de
vous rappeler qu'en toutes choses je m'estime au-dessous de
vous.

Qu'aurait-elle répondu? Le sujet était trop délicat pour qu'elle
continuât cette conversation.

— Et mon mari vous a laissé? dit-elle.

— Pour quelques instants. Je les ai bien employés.

— Qu'avez-vous fait?

— Je vous dirai cela plus tard. Mais auparavant, madame,
dites-moi à votre tour si vous croyez que, lorsque vous me con-
naîtrez davantage, je pourrai espérer devenir votre ami?

— On voit cela tout de suite, repondit-elle. Je le crois!

Elle se dirigea vers la porte, puis elle revint :

— Mais il n'y a aucune chance, reprit-elle, pour que nous
nous revoyions jamais?

— La vie est pleine de hasards, madame, et il y en a dans
le nombre qui sont heureux!

— Attendons-les, alors!

Elle ouvrit la porte.

— Vous vous retirez? dit-il. Cette chambre est charmante,
mais je vais bien m'y ennuyer.

— Est-ce que vous seriez en disposition d'aller avec moi à la
rencontre d'Étienne?

— Ce sera une grande joie.

— Puisqu'il vous a quitté, il m'a laissé le soin de vous amuser. Amusons-nous ! Venez voir mon cheval.

Elle le conduisit.

Bijou était au fond de l'écurie, à une place d'honneur. On lui avait fait une stalle.

Laubépin lui coupait les crins. Bijou hennit en sentant venir sa maîtresse.

— La jolie bête ! dit Tiburce qui lui caressa le cou.

— Prenez garde ! fit Catherine. Il ne permet pas à tout le monde de s'approcher !

— Pas à tout le monde ! dit Laubépin. Seulement, il sait connaître ceux qui ont de l'amitié pour madame.

Laubépin parlait ainsi, non qu'il ne se sentît de la jalousie pour quiconque était dans la société de Catherine, mais il étouffait en lui ce sentiment quand le compagnon de madame Clermont lui semblait bon. Or, Tiburce lui avait paru tel, et à Bijou aussi. Cela lui suffisait. Laubépin s'exhortait dans le fond de l'âme à s'oublier toujours.

— Je monterai Bijou, si vous nous restez encore demain, dit Catherine.

— Je resterai, madame.

Laubépin sentit une angoisse dans son cœur. Toute sa place allait-elle donc être prise ?

— Allons au village, continua madame Clermont, en marchant en avant.

M. de Montbarrey eut la pensée de donner quelque chose au garçon qui soignait si bien le cheval de madame Clermont.

— Je vous ai dérangé, mon ami, dit-il en lui mettant un louis dans la main.

Laubépin eut un mouvement de rage. Être payé parce qu'il aimait le cheval de Catherine ! Ce mouvement était mauvais. Il le dompta.

— Merci, monsieur ! fit-il en prenant la pièce d'or.

Lorsque Tiburce se fut éloigné, Laubépin la jeta avec colère dans le fumier. Néanmoins, il n'en voulut pas à Tiburce.

— Vous avez tout vu dans le pays, dit Catherine au duc.

— Excepté l'église.

— Allons à l'église !

Elle était sans fidèles à cette heure-là, et nue, et blanche. Madame Clermont fit voir les fonts baptismaux, assez anciens, puis elle s'agenouilla devant l'autel pour s'y recueillir. Tout en priant, elle remarqua qu'elle s'était placée machinalement sur la dalle où sa chaise avait été posée le jour de son mariage. Tiburce se mit à côté d'elle, à sa droite. C'était le point qu'Étienne avait occupé. En ce moment, un rayon se dégageant du nuage glissa obliquement par une fenêtre, et vint au-dessus de leur tête, comme le poêle qu'on y avait tenu six ans plus tôt. Puis le vieux prêtre entra par la porte de la sacristie, et sourit de loin aux jeunes gens. Catherine palpita sous une émotion de tristesse et de douceur. Elle écarta d'elle ces pressentiments qui passaient par une tombe, et malgré tout, Tiburce lui sembla moins un étranger, et elle sentit quelque chose de plus tendre en lui.

Ils sortirent.

— Où vous mener, maintenant ? dit-elle. Notre coin n'a d'intérêt que pour ses habitants, et je ne peux pas lui inventer de surprises.

— Il fait bon vivre ici ! Je n'ai rien rencontré de plus frais que cette vallée, dit Tiburce qui en transportait avec lui le charme. A chaque minute il découvrait une nuance de plus dans la beauté de madame Clermont.

C'était un souffle du vent qui avait ramené à gauche une boucle de ses cheveux noirs, et la peau de la joue était si fine, qu'elle était devenue plus rose à ce contact. C'était un grain de poussière venu à droite dans son œil, et elle avait déganté sa main et l'avait passée sur sa paupière. C'était ensuite sa grâce quand elle marchait, ou plutôt quand elle sautillait dans la rue ; car il avait plu le matin, et le village était boueux. C'était aussi la façon dont son léger châle pendait de son épaule à sa taille, laissant juste assez d'espace pour qu'on eût une envie folle d'y passer son bras.

Mais Tiburce n'avait pas osé l'offrir. Plus il allait dans cette journée, plus il se disait que M. de Pondhuy avait été très-modéré, et qu'il aurait bien donné son million pour avoir le château.

— Il y a pourtant le bord de la rivière, d'où la vue est assez jolie sur le coteau des vignes, continua-t-elle.

Tiburce hésitait à la suivre.

— Voulez-vous venir ?

Il n'avançait pas.

Pour aller aux vignes, ils devaient passer devant la maison d'Adèle. Il se la rappelait. Étienne pouvait en sortir. Madame Clermont connaissait sans doute cette maison, et Tiburce voulait lui éviter cette douleur.

— Êtes-vous déjà las de notre promenade? dit-elle au voyageur qui ne bougeait pas.

— Non, madame. Mais je souffre de vous voir dans cette boue. Allons ailleurs.

— Il y en a autant partout.

— Et puis le vent vient par ce chemin.

— Il le séchera.

— Il vous fera mal.

— Prenez garde! si vous me contrariez, je sais un moyen de me venger. Je vous appellerai monsieur le duc.

— Je ne répondrai pas.

— Venez donc!

— J'ai les pieds mouillés.

— Décidément vous êtes bien plein de caprices, dit-elle en souriant à moitié. Allons autre part, puisque vous le voulez! Je vous offrais ce que nous avons de mieux.

Elle allait retourner sur ses pas.

Étienne sortait de la maison d'Adèle, dont ils approchaient.

En voyant sa femme, il eut un mouvement d'impatience contre sa mauvaise chance. Mais il marcha bientôt résolûment, comme au régiment, quand il avait à conduire sa compagnie devant l'ennemi.

Il vint en riant. Tiburce trouva qu'il avait le bonheur insolent.

— Je viens de chez Adèle, dit Étienne; j'avais remarqué dans sa devanture une étoffe parisienne qui t'ira bien cet hiver. Je lui ai commandé la robe.

Catherine n'écoutait pas.

Elle ne songeait point non plus à s'indigner contre son mari, quoiqu'elle ne pût plus avoir de doutes à présent.

Elle songeait à une seule chose : c'est que Tiburce était un bien noble cœur! Il savait évidemment que M. Clermont était là. Il n'avait pas voulu se servir contre le mari de cette insulte faite à la femme ; et, cependant, un avertissement intérieur lui disait qu'il allait l'aimer, qu'il l'aimait déjà ! Il ne voulait, au prix de tout, que lui épargner une atteinte !

Instinctivement, et sans que rien motivât ce mouvement, elle prit le bras de Montbarrey.

Il trembla de joie, comme s'il avait compris qu'il y avait là une caresse. Pendant une seconde, ils crurent tous deux qu'ils faisaient des pas sur une des pelouses du ciel. Ce n'étaient pas leurs pieds qui les soutenaient, c'était une extase, les faisant plus légers que l'air de la terre.

Elle eut bientôt l'effroi de cette seconde de bonheur inconnu. Elle revint vers Étienne; elle lui aurait pardonné, à cet instant, bien plus que ce qu'il avait fait.

— Tu as été bon, lui dit-elle, de penser à...

Elle allait dire : à m'acheter cette robe; mais elle était femme d'esprit autant que de cœur : elle comprit que ce remerciement serait niais et la ferait ridicule, et elle continua ainsi sa phrase :

— A l'hôte que tu avais chez toi.

— Tiens, c'est vrai! dit Étienne. Vous êtes revenu à la maison, au lieu de rester au café où le temps ne dure jamais.

— Vous m'y avez laissé avec un homme fort intéressant.

— M. Champanelle.

— Il m'a donné des détails très-utiles. J'ai été voir la chose.

— Vraiment !

— Et le marché est fait ! dit Montbarrey en souriant à Catherine.

Étienne fit presque une gambade au milieu du chemin. Il eut un élan comme pour embrasser Tiburce.

— Comprends-tu, ma femme ? dit-il joyeusement, M. le duc est propriétaire du château.

Catherine fut bien heureuse au premier moment.

— Est-ce que c'est cela que vous ne vouliez me dire que plus tard ? fit-elle.

— Je n'espérais pas que la nouvelle eût de l'intérêt pour vous.

— Mais au contraire. Et qui vous a décidé si vite ? Quel motif vous a inspiré cette improvisation ?

Tiburce aurait été embarrassé de répondre. Étienne lui épargna tout mensonge en lui demandant :

— Et, vous payez le tout ?

— Cinq cent mille francs, répondit Clermont tout bas.

— Ah ! ça mais vous êtes volé, monsieur le duc ! Je crois bien que l'affaire s'est conclue vite !

Catherine eut peur, pour la première fois, non pas d'aimer, mais d'être aimée à un prix aussi exorbitant ; elle avait entendu le chiffre. Elle en voulait presque à M. de Montbarrey. Après cette extravagance, il lui parut moins loyal.

Étienne reprit :

— J'espère que notre village va être joliment habité, maintenant ! M. Pondhuy écarté, M. Montbarrey acquis, c'est admirable !

— Vous en voulez donc bien au marquis ? dit Tiburce.

— Je suis content qu'il ait un successeur partout, répondit Étienne à voix basse ; je vous conterai cela.

— J'ai un rendez-vous avec lui à cinq heures, chez M. Mortagne.

— Je vous accompagnerai. Je pourrai peut-être faire diminuer quelque chose.

— Ne diminuez rien, dit Tiburce qui regardait Catherine.

— Et combien de temps lui donnez-vous pour déménager?

— Nous n'avons pas abordé la question.

— Il est convenu que, jusque-là, vous resterez à la poste.

— Comment ferai-je pour vous rendre ce que j'aurai reçu de vous?

— Nous vous marierons, reprit Catherine.

Tiburce ne lui sut aucun gré de cette initiative.

— Certainement, continua-t-elle. Nous vous chercherons une femme bien raisonnable, qui vous empêchera de jeter votre argent par les fenêtres.

— Pourvu qu'il retombe sur ceux qui en ont besoin..., répondit Tiburce.

— Mais M. de Pondbury n'est pas un de ceux-là. Je ne crois pas qu'il fasse un bien bon usage de sa fortune. Vous le ferez vivre deux ans de plus d'une mauvaise manière. Voilà tout!

— Ah! madame, ne me reprochez rien, ne put s'empêcher de dire Tiburce.

Elle le regarda. Y avait-il donc déjà un mystère entre eux?

Elle voulut voir si elle ne s'était pas trompée. Clermont était derrière, et il ne pouvait pas entendre.

— Si c'est pour le plaisir de vous trouver souvent avec Étienne que vous achetez cette terre, vous allez un peu vite.

— Comment cela, madame?

— Nous vous avons si peu vu, que nous n'avons pas pu vous dire encore qu'il n'est nullement certain que nous resterons dans ce pays. Réfléchissez.

Tiburce sentit qu'il allait pâlir. Il ne voulait pas, il ne devait rien faire comprendre de plus à cette pureté.

— Raison de plus pour que j'achète! répondit-il d'une voix ferme.

— Ce n'est pas très-aimable ce que vous dites là!

— Vous aimez ce pays. C'est moi qui vous y recevrai lorsque vous y reviendrez tous les deux ans.

Catherine fut bien reconnaissante. Elle n'était pour rien dans la folie qu'allait faire Tiburce. Il l'en dégageait lui-même.

— Après tout, lui dit-elle par bonté, il n'est pas du tout sûr que nous nous en allions. N'en parlez même pas à Étienne.

Ils étaient devant la maison de M. Mortagne.

— Je vous laisse, messieurs, dit Catherine. A tout à l'heure!

— A tout à l'heure!

Et ce mot lui serait redit, et il le redirait lui-même pendant des années! C'était un bon marché qu'il faisait.

M. de Pondhuy était déjà dans l'étude lorsque Montbarrey et Clermont entrèrent.

M. de Pondhuy avait raconté l'affaire à M. Mortagne qui l'écouta froidement. Il lui avait même demandé de préparer l'acte.

M. Mortagne écrivait depuis une heure.

— Ainsi, messieurs, tout est convenu? dit-il.

—Tout! répondirent MM. Montbarrey et Pondhuy.

— Je vais lire ; vous signerez ensuite.

M. Mortagne lut.

Quand il fut arrivé à l'article du prix, il accentua ainsi :

« Lequel immeuble a été vendu pour la somme de quatre cent mille francs. »

— Pardon, monsieur, interrompit vivement Pondhuy, je vous ai dit cinq cent mille.

— Je sais bien, dit M. Mortagne.

— Eh bien alors?

— Monsieur, reprit M. Mortagne, un notaire est un magistrat ; il doit représenter la conscience des affaires. Je trouve, par toutes les raisons que je vous déduirai, le prix de quatre cent mille francs déjà très-élevé. Je ne sanctionnerai pas cinq cent mille.

— Mais, monsieur, dit Étienne, vous sacrifiez ainsi des honoraires très-importants ; ils diminuent avec le prix de vente. Songez donc...

M. Mortagne eut quelque envie de jeter Clermont à la porte.

— Continuez, monsieur, dit Montbarrey au notaire.

— Mais je ne vends plus ! alors, s'écria Pondhuy.

— Vous ne vendez plus ? répondit M. Mortagne avec un sourire qui était un défi et une insulte.

— Monsieur, dit Tiburce à voix basse, vous avez eu ma parole, laissez M. Mortagne écrire ce qu'il voudra.

— De la main à la main alors, dit M. de Pondhuy.

— Oui, mais je mettrai des gants.

M. de Pondhuy entendit et ne releva pas : Adèle Magny avait passé par cette âme. M. de Pondhuy avait été un duelliste en son temps, et il n'était pas âgé de plus de quarante ans, quoi qu'en ait dit Adèle.

Ils signèrent.

M. de Montbarrey salua M. Mortagne avec affection. Clermont et le marquis eurent une singulière figure l'un pour l'autre en passant devant la maison d'Adèle.

— Quand vous faudra-t-il des chevaux? demanda Étienne.

— Je réclame quinze jours de M. le duc, dit M. de Pondhuy.

— C'est donc quinze jours que vous nous donnez? reprit Étienne en s'adressant à Tiburce.

Il était sept heures ; ils allèrent souper.

VI

Les deux semaines s'étaient écoulées. Elles avaient amené bien des rapprochements et des confidences entre Tiburce et Catherine, car Étienne les laissait presque toujours seuls. Ceux qui sortent pour faire le mal n'ont presque jamais la pensée que le mal peut se faire aussi chez eux. Mais le mal ne se faisait pas. Tiburce voyait ses journées s'emplir de petites joies qui devenaient immenses par le ravissement qu'elles mettaient dans son cœur, et parce qu'elles ne lui laissaient pas de remords. La vertu sereine et gaie de Catherine lui avait communiqué son innocence. Quant à elle, il ne lui était pas possible d'être troublée par la franchise de l'amitié qu'elle sentait se développer en elle à chaque heure. Elle était à une telle distance de la faute, qu'elle ne soupçonnait jamais que les pas qu'elle faisait l'engageaient dans les sentiers qui peuvent y conduire. Elle avait une armure impénétrable qui la protégeait : sa conscience, qui, en l'entourant, lui faisait comme une autre atmosphère où elle respirait.

Pendant ces deux semaines, ils n'eurent pour ainsi dire que deux dates. La première fut quelques jours après l'arrivée de Tiburce.

Comme elle le lui avait dit, elle proposa de monter à cheval.

Il fut charmé de cette proposition. Étienne prétendait que l'équitation le fatiguait ; il déclara qu'il ne serait point de la partie. Il offrit à Tiburce sa monture habituelle. L'écurie était fort mal montée en chevaux légers. On amena un porteur gris-de-fer, au ventre arrondi et aux aplombs énormes. Le duc l'enfourcha en riant. Le cheval se cabra de gaieté en ne sentant pas sur ses flancs les bottes d'un postillon.

— Je vous demande pardon de n'avoir pas un anglais, dit Étienne ; mais vous pouvez aller de confiance. Il fait régulièrement sa poste à l'heure.

— Pourvu qu'il suive Bijou, je serai content.

— Catherine modérera Bijou. De quel côté allez-vous ?

— Je veux faire voir Montfort à M. de Montbarrey, dit Catherine.

— Sais-tu bien le chemin ?

— Bijou le sait pour moi.

Montfort était un ancien château démantelé et ruiné, à quinze kilomètres dans la montagne.

Au moment où Catherine et Tiburce sortaient de la cour, la diligence Lafitte y entrait. C'était le tour de Laubépin pour la conduire ; sans cela, il aurait suivi Catherine, malgré tout, et fût-ce à pied. Le relai où il menait la messagerie était dans une direction opposée à Montfort, et il fallait trois heures à Laubépin pour aller et revenir.

Tiburce s'était placé à côté de madame Clermont. Ils disparaissaient dans la rue du village quand Laubépin montait sur son siége. Il alluma sa pipe comme d'habitude, mais il avait des larmes plein les yeux. Il ramena ses cinq chevaux sous sa main, et les excitant de la voix et du fouet, il les fit partir au galop. La diligence filait sur Paris.

Madame Clermont et M. de Montbarrey suivaient la grande route de Nantes.

Depuis que Catherine le montait, Bijou était devenu un très-joli cheval. Laubépin l'avait rasé ; sa crinière noire retombait sur son cou aussi soignée que des cheveux de femme. Il avait assez maigri pour être élégant. Et d'ailleurs, il sentait son bonheur, et quand sa maîtresse était en selle, il se laissait si bien bercer dans un petit galop, il penchait avec tant de grâce sa tête de côté, il portait si fièrement sa queue en panache, et ses oreilles se dressaient avec tant d'intelligence, que la grossièreté native de ses formes s'adoucissait, qu'il était très-svelte et très-cambré sur ses pieds de devant tombant régulièrement, et qu'un connaisseur l'eût admiré courant sur la grande route.

Tiburce ne pouvait pas donner à son porteur une autre allure que son trot de dromadaire. Il était dur, et, même à l'anglaise, les soubresauts enlevaient trop Tiburce, si bon écuyer qu'il fût.

Après vingt minutes, le duc demanda grâce et implora le pas. Au pas on pouvait causer.

— Allons-nous suivre le grand chemin si longtemps que cela? dit-il.

— J'ai dit devant Bijou que nous allions à Montfort. Bijou tournera quand il conviendra.

— C'est donc un cheval de génie que vous avez? madame.

— Quelquefois je suis tentée de croire qu'il a l'intelligence humaine. Avez-vous remarqué Laubépin?

— Le postillon qui était hier dans la stalle?

— Oui. Eh bien! Laubépin m'a donné des leçons de perfectionnement, dont je n'ai guère profité, comme vous voyez. Il n'était pas très-content aujourd'hui de me voir partir sans lui, et il ne m'est pas prouvé que l'âme de Laubépin ne soit pas entrée, pour tout le temps de notre promenade, dans le corps de mon cheval. Ainsi, faites attention à ne rien dire de téméraire, Bijou vous entendrait.

Ils arrivaient au haut de la côte. Bijou tourna à gauche dans un chemin qui descendait.

— Vous vous en rapportez aveuglément à lui? madame.

— Comme à Laubépin.

— C'est un personnage qui revient bien souvent dans votre conversation, ce Laubépin!

— Il est probable qu'il est aussi gentilhomme que vous.

— Par le cœur, je n'en doute pas, mais par le sang...

— Par le sang!

Elle lui raconta l'histoire de Laubépin.

— Eh bien! je l'aime moins, depuis que je sais qu'il n'est pas né dans le peuple! Il ne fait que son devoir en ayant des manières de patricien. Et puis, voyez-vous, par principes, j'estime plus celui qui monte que celui qui descend.

— Mais il monte, lui! il monte à l'inconnu.

— Il se réveillera un jour fils de roi!

Tout en causant, ils étaient arrivés à une pente sablonneuse qui s'allongeait sous les châtaigniers. Le chemin devenait si étroit qu'ils ne pouvaient plus marcher que l'un après l'autre. Catherine était devant. Bijou prit un sentier encore plus rétréci, qui montait dans un taillis sur un terrain pierreux.

— Vous approuvez toujours, madame?

— Toujours! Bijou sent la direction, comme l'aimant sent le nord. Les ruines sont au sommet de la montagne.

— On ne les voit pas.

— Les arbres les cachent.

Le sentier se perdait dans le taillis. Le taillis était de plus en plus sur le rocher. Les fers des chevaux ne tenaient pas, et ils glissaient sur des traînées immenses.

Catherine devint soucieuse.

— Je commence à croire que mon cheval a trop été charmé de notre conversation, et qu'il a perdu la route.

— Retournons!

— Mais non! c'est bien le côté pourtant.

Elle appuya sa houssine sur l'épaule de Bijou. Il bondit et sauta de pierre en pierre, en s'enfonçant toujours davantage dans le taillis et en montant. Ses pieds se posaient avec une netteté merveilleuse sur les surfaces polies. Tiburce n'était nullement rassuré par la solidité de son cheval, et craignait une chute qui eût été un incident ridicule. Il ne s'avançait presque plus sur ses pieds de derrière, ne sachant où poser ceux de devant. Comme il redoublait d'efforts pour suivre le cheval de Catherine, son élan fit glisser ses sabots sur la roche; ce que Tiburce avait craint arriva, il s'abattit avec son cavalier.

Catherine poussa un cri.

Bijou s'arrêta, plia ses genoux pour qu'elle pût descendre.

Le cri aurait guéri Tiburce de bien des blessures. Mais il n'était pas même contusionné. Sa monture s'était fondue sous lui, et il était resté sur ses jambes. Catherine était descendue aussi par un premier mouvement, et, en voyant Tiburce debout, elle s'effraya d'avoir eu peur.

— Il faut regagner les châtaigniers! dit-elle.

— Oui, madame; mais, je vous en prie, ne remontez pas à cheval. C'est un vrai danger.

— Et comment y remonterai-je sans vous?

Tiburce prit les brides, se plaça entre les chevaux en les soutenant tous deux par la figure, et voulut les faire descendre. Mais la pente était tellement raide et pierreuse qu'il n'y avait aucun moyen de continuer à l'essayer.

— Il vaut mieux monter, coûte que coûte! dit Tiburce.

L'expédition était encore plus périlleuse par là. La mousse courte sous le taillis était polie comme du verre. Les chevaux refusaient d'avancer, Bijou surtout.

Depuis un instant il regardait à droite et à gauche entre les petits arbres, et comme s'il eût cherché quelqu'un. Il hennit plusieurs fois et une voix, que Catherine crut être celle d'un berger, lui répondit.

— Que faire? dit la jeune femme qui paraissait effrayée.

— Nous sommes extrêmement loin des Orbes. Il est impossible que vous y retourniez seule et à pied.

— Je n'en ai aucune envie. Mais nous ne pouvons pas cependant passer la nuit là.

— Et aucun moyen pour avancer ou pour reculer?

La physionomie de Catherine trahissait une inquiétude sérieuse.

— Quand je devrais porter Bijou, il descendra! dit Montbarrey. Veuillez retenir mon cheval.

Et il amena brutalement Bijou. Mais celui-ci se raidit, leva la tête, cassa sa bride, et revint auprès de Catherine.

Alors elle pleura de contrariété, car plus d'une heure s'était consumée dans tous ces efforts, le soir n'était pas loin, et elle songeait à Pauline qui se troublerait de ne pas la voir.

— C'est désolant et horrible, dit Tiburce : ne pouvoir rien pour vous!

— Aussi, dit-elle un peu vivement, c'est vous qui vous êtes obstiné à monter, monsieur!

Il devint si pâle à ce reproche inattendu, qu'elle sentit qu'elle avait été cruelle. Quelque chose la porta à prendre la main de Tiburce, mais quelque chose aussi à la retirer. Elle eût bien aimé à pouvoir lui donner cette caresse; elle les mit dans sa voix, en lui disant :

— Me pardonnez-vous?

Tiburce sentit positivement ces trois mots descendre dans son cœur et y rester. La charmante figure troublée, douce et repentante, implorait involontairement bien plus qu'un pardon. Ils ne se dirent rien; il y avait un ciel entre leurs regards. Ils ne se touchèrent pas; leurs âmes s'abordèrent comme pour se réunir à jamais. Catherine s'arracha la première à ce silence, dont elle comprit tout d'un coup le danger.

— Et comment revenir aux Orbes? dit-elle.

— Si vous consentiez à abandonner votre cheval, répondit-il, nous les laisserions tous les deux dans ce taillis : nous irions à la première maison, et je vous enverrais une voiture de la poste.

— Non! dit-elle; Bijou ne me le pardonnerait pas.

En même temps elle se retourna, il venait de hennir plus fortement : le taillis craquait sous quelqu'un qui s'avançait, et Laubépin parut avec sa veste déchirée par les branches.

Il s'arrêta, eut l'air triste en voyant Tiburce si près de madame Clermont, puis secouant sa tête, de même que s'il en eût chassé un rêve, il vint vers eux.

— Vous ici? s'écria Catherine.

— J'y suis depuis longtemps, madame. J'ai rencontré un camarade auquel j'ai laissé la diligence; je n'étais pas tranquille, vous sachant dans un mauvais chemin; je voulais vous rejoindre en bas de Montfort : j'ai pris par ce taillis, ce qui était le plus court. Je m'y suis perdu. Bijou m'a senti, et vous y a amené. Maintenant, au sauvetage!

Il prit son mouchoir, le déchira en deux, et enveloppa les fers de Bijou.

— Il ne glissera plus! dit-il. Vous pouvez monter.

Et il enleva les pieds de Catherine sur ses deux mains, et la replaça en selle.

— Et l'autre cheval? fit-elle.

— Si monsieur le duc veut bien sacrifier son mouchoir?

Tiburce était humilié d'avoir eu moins de ressources que Laubépin ; mais il se résigna à l'imiter, et arrangea les pieds de son porteur.

Ils redescendirent ainsi sans accident.

— Allez vite! dit Laubépin, quand ils furent dans le chemin. On est inquiet de vous aux Orbes.

— Et vous? demanda Catherine, avec un regard reconnaissant.

— Moi, je retourne à Saint-Rémy, où mon camarade m'attend, et je ramène mes chevaux.

Il s'éloigna en essayant une chanson. La chanson était triste.

Tiburce et Catherine n'emportèrent qu'un souvenir : celui de l'instant où ils n'avaient pas osé se prendre la main.

La seconde date qu'ils conservèrent se rapportait à un vendredi de la semaine suivante.

C'était le matin, après déjeuner, dans le petit jardin.

Étienne, comme toujours, les avait quittés.

Catherine s'était assise sur un banc de bois adossé au mur. Le mur longeait la route. Presque à hauteur d'appui on découvrait, en se penchant un peu, tout le village.

Catherine brodait; Tiburce fumait. La matinée était douce.

Pauline courait dans les allées.

Elle se rapprocha brusquement de sa mère, avec l'impétuosité que les désirs donnent aux enfants. Une idée venait de traverser sa petite tête. Elle s'appuya des mains sur le mur et essaya de se hausser. Le mur était plus haut qu'elle.

— Monsieur, dit-elle à Tiburce, prenez-moi donc dans vos bras. Je veux voir papa.

— Votre papa est au café, répondit-il en riant. Vous ne pouvez pas le voir.

— Papa n'est pas au café. Jeannette dit qu'il va tous les jours chez Adèle Magny, où il apprend à faire des robes. Je veux le voir coudre.

La broderie trembla dans les mains de Catherine.

Sa fille l'avertissait de l'infidélité de son mari. Elle recevait devant Tiburce une profonde et irrémédiable humiliation. Elle ne dit rien, mais le globe pur de ses yeux se ternit d'une vapeur de larme.

Tiburce n'eut pas l'air de comprendre; il chercha à distraire l'enfant.

Il lui montra son porte-cigare. Il lui mit son lorgnon. Pauline rit et oublia ce qu'elle avait demandé.

Et il reprit avec Catherine la tranquille conversation qu'ils avaient auparavant. Au moment où la petite allait retourner à son cerceau, il lui dit d'aller embrasser sa mère.

Catherine était respectée et relevée en même temps par une amitié une fois plus précieuse que celle d'Étienne. Tout autre, à la place de Tiburce, aurait tourné à son avantage le ressentiment d'une femme dédaignée : lui se contentait de la faire embrasser par Pauline. Seulement ce baiser lui parut singulier, comme s'il lui avait été donné par une bouche étrangère. Elle éprouva, en le recevant, la même impression que celle qu'elle avait eue dans le petit taillis, sur la montagne. Si tranquille qu'elle fût, l'atmosphère qui les entourait avait des courants de flamme. Ni l'un ni l'autre n'était pourtant certain que cette flamme fût de l'amour.

Ils ne le virent à l'horizon que quelques jours après.

M. de Pondhuy avait tenu parole. La quinzaine s'était écoulée. Il remit les clefs à Tiburce un lundi. Le lendemain le duc devait s'installer au château.

— Il y a un petit vallon tout près d'ici. Vous ne le connaissez pas, dit Catherine. Je veux vous le montrer; ce sera une ressource pour vos promenades. Pauline va venir avec nous.

Ils sortirent doucement, joyeux. Tiburce pensait que c'était un rendez-vous tacite qu'elle lui donnait pour l'avenir. Catherine se disait qu'il reviendrait là souvent avec son souvenir. Pauline savait que le pré était plein de papillons; elle prit son piége de gaze rose.

Le vallon s'appelait les Lavandières. Au sortir des Orbes, du côté de Saint-Remy, il se déroulait à droite dans un pli d'herbes et de fleurs, sous quelques saules grêles. Au fond une source, utilisée autrefois pour les lessives, se perdait maintenant et arrosait le pied de quelques joncs. La petite colline se gonflait des deux côtés en ondulations légères, assez hautes pour dérober aux regards ceux qui suivaient le sentier du milieu. La soirée était très-chaude et avait encore deux heures de jour. L'ombre se versait du monticule de l'ouest. Catherine et Tiburce faisaient des pas lents sur l'herbe. Pauline essayait de courir aussi vite que les papillons volaient; elle entourait les deux promeneurs de ses cercles de gaieté et de ses exclamations. Eux, ils ne disaient pas grand'chose; ils savouraient cette paix et ce recueillement de la nature, Catherine marchait en avant; Tiburce la respirait pour ainsi dire. Elle avait ôté son chapeau de paille, qu'elle portait sous son bras, et qu'il lui prit sans qu'elle le lui donnât. En un instant le sentier fut rempli de l'odeur de ses cheveux. Sa robe de soie, glissant sur les fougères, était le seul bruit de la solitude. Elle se retournait pour dire un mot, et un sourire éclairait son profil enchanté. Elle savait que c'étaient la loyauté, le dévouement et la bonté qui marchaient derrière elle ; elle chargeait les choses de lui faire des caresses innocentes ; elle écartait une branche du buisson qui lui barrait le chemin, et la laissait revenir sur lui avec ses fleurs. Elle s'asseyait un instant sur un pan de mousse, chantait à demi-voix un vieil air dont la brise avait dit les premières notes, lui refusait sa main qu'il tendait pour la relever ; puis, craignant de l'avoir fâché, s'arrêtait près de lui, lui demandait s'il aimait les mûres, et lui en donnait qui avaient laissé une partie de leur pourpre noire à ses doigts dégantés. Ce n'étaient pas de grands bonheurs que ceux-là ; mais, si on leur avait promis que leur éternité en serait pleine, ils auraient répondu que l'éternité serait courte.

Ils avaient perdu de vue Pauline. Ils l'entendaient rire derrière les genêts. Puis, cette promenade était si peu dangereuse pour l'enfant, que la mère ne s'en inquiétait pas. Cependant depuis cinq minutes le bruit de sa course avait cessé. Catherine et Tiburce s'étaient un peu éloignés du sentier pour découvrir l'horizon à mi-côte.

— Où peut-elle être? demanda Catherine.

— La voici ! Regardez. Ne la dérangez pas. Quel charmant tableau !

En effet, il s'était arrangé de lui-même.

Pauline avait été à la source, cachée sous les saules. Elle avait soif. Elle s'était couchée sur la pente douce, et, avançant son cou, elle buvait l'eau bleue qui reflétait sa tête rose. Son piége de gaze, posé à côté d'elle sur le talus, s'était ouvert : toute sa chasse était repartie, et les papillons d'or et d'écarlate, qui ne lui en voulaient pas, et qui se sentaient libres, voltigeaient au-dessus de sa tête. Un rayon filtrant par l'interstice de la vallée éclairait l'enfant, la source et les papillons, tandis que les saules, les joncs et les pentes du gazon restaient dans une ombre verte.

Catherine ne se donna pas le temps d'admirer.

— Pauline ne nous entendrait pas d'ici ! s'écria-t-elle. Elle boit, et elle a chaud !

Et, sans calculer si la descente était praticable, elle s'élança.

Il fallait traverser un buisson assez bas qui bordait le sentier du côté où ils étaient. Catherine ne douta pas qu'elle ne pût le franchir aussi vite que son désir. Mais les souches ne s'écartèrent pas comme elle l'avait pensé. Elle se trouva prise par le milieu du corps entre deux fortes branches qui ne cédèrent pas. Tiburce arriva, Catherine gémissait.

— Cette eau est glacée, disait-elle, et elle y trempe ses bras ! La tête peut entraîner le reste ! Le bruit de la source étouffe ma voix ! Monsieur Tiburce, faites que je puisse la rejoindre... nous n'en sommes qu'à vingt pas !

Un seul moyen se présentait pour dégager Catherine : la prendre et l'emporter.

Tiburce hésita, puis, sur un signe d'elle, il la souleva dans ses bras. Cela ne dura pas une seconde ; mais, pendant cette seconde, il l'avait eue sur son cœur.

Il se remettait à peine de son ivresse que Catherine atteignait sa fille. Elle n'avait eu que la pensée du danger pour l'enfant ; elle ne s'était pas même doutée que Tiburce l'eût prise dans ses bras.

Elle gronda Pauline, mais surtout elle la fit courir par les bruyères et par les herbes, pour rappeler la chaleur et le sang. Tiburce disparut de son émotion pendant tout le reste de la promenade ; elle ne fut plus que mère.

Pour lui, son souffle était de la flamme depuis qu'il s'était tant approché d'elle.

Le soir venait ; ils rentrèrent à la poste.

Tiburce se rappela du nom des Lavandières comme celui d'un Éden.

Le dîner était prêt dans la grande salle. Sept heures sonnaient. Étienne ne revenait pas.

— Mettons-nous à table, dit Catherine.

Ils ne mangèrent pas.

Tiburce s'avouait par toutes les pulsations de son cœur qu'il aimait ; mais en même temps, sans avoir aucune sympathie pour Clermont, il respectait l'hospitalité, et il respectait la vertu. Il aurait été au désespoir d'apporter le moindre trouble dans la vie de Catherine.

Elle, sans deviner qu'elle avait pour Tiburce un sentiment plus dominateur que l'amitié, se reconnaissait entraînée à des mouvements qu'elle n'avait jamais eus. Tiburce l'attirait par sa retenue même : plus il s'éloignait d'un aveu, plus elle soupçonnaît l'amour, et les efforts qu'il faisait pour ne rien laisser voir de son âme la montraient davantage.

Jeannette n'avait pas desservi. On attendait toujours M. Clermont.

— Et vous partez demain? dit-elle, accentuant une préoccupation qui la prédominait depuis le matin.

— Oui, madame; mais je serai si près que ce n'est presque pas partir.

— C'est vrai, dit-elle. Nous pourrons nous voir encore souvent.

— Ne resterai-je pas à vos ordres?

— Vous allez avoir tant à faire pour votre installation que vous ne penserez plus guère à la poste.

— Madame! dit-il avec reproche.

— Quoi? répondit-elle étonnée.

— Rien.

— Savez-vous que vous auriez bien mieux fait de ne pas venir? A présent vous avez créé dans toutes mes heures des habitudes auxquelles je ne saurai pas renoncer.

— Pourquoi y renoncer?

— Elles tiennent à votre séjour. Le matin, quand je me réveillais avec une peine, il m'était doux de songer que vous étiez là, dans le jardin ou dans la cour!

— Vous ne m'en avez pas beaucoup confiées!

— Je m'avançais vers vous, puis je n'osais rien dire; mais c'était assez de penser que vous m'encourageriez si je vous consultais. Et à l'heure des repas, Étienne me laisse souvent seule à présent. Nous ne riions pas beaucoup, nous ne mangions guère. Il me suffisait que nous fussions deux!

— Étienne ne vous quittera plus.

— Et le soir ! j'aimais à vous entendre remuer dans votre chambre ! Je me disais : C'est le pas d'un ami qui fait bouger ces planches ! Car, quoique vous soyez un grand seigneur, et moi la femme d'un maître de poste, il me semblait qu'il y avait entre nous égalité... au moins d'affection.

— Oh ! non pas égalité, reprit-il ; puis il s'arrêta encore.

Elle n'entendit pas, elle n'écoutait que sa pensée.

— C'était ainsi lorsque vous étiez là. Quand vous serez dans votre château, avec vos amis, vous redeviendrez le grand gentilhomme, et moi je serai la petite dame.

— Tenez ! reprit-il, je ne comprends pas qu'avec tout votre esprit vous fassiez ces distinctions qui m'humilient ! Vous êtes la plus grande partout, et la meilleure, et la plus belle ! cela avec les femmes. Avec les hommes, avec moi, vous êtes le charme suprême ! vous êtes la vie ! vous êtes tout !

Elle était assise en face de lui à table. Elle jouait machinalement avec une fourchette sur un verre. Le verre rendit de petits sons argentins. Sa main tremblait. Elle recula sa chaise.

— Mon Dieu ! qu'avez-vous dit ? fit-elle.

Tiburce s'excusait si peu lui-même d'avoir osé parler ainsi ; il était tellement anéanti par le désespoir de cette phrase banale qui lui était échappée, et que si souvent adressée par lui à d'autres, il avait répétée à Catherine, qu'il vénérait encore plus qu'il ne l'adorait ; il se reprochait tellement d'avoir tué son bonheur, qu'il ne répondit rien, et se dirigea lentement vers la porte.

Alors elle pensa que tout serait fini entre eux ; qu'elle ne le reverrait plus ; qu'il avait toujours été bon et pur ; qu'il était son seul défenseur. Elle pensa, dans cette seconde, mille autres choses poignantes. Elle ne fut pas maîtresse d'elle-même, et elle s'écria :

— Monsieur Tiburce !

Il se retourna.

— Restez, dit-elle. Vous voulez donc, en partant de la sorte, que personne ne m'aime plus ici, et que moi je ne sache plus que faire de mon âme?

Il s'était avancé tremblant, enivré, oubliant tout, s'approchant davantage à chacun de ces mots qui l'appelaient. Il allait prendre les mains de Catherine et les mouiller des larmes de son bonheur. Elle les lui tendait, hors d'elle-même... Mais, avec une lueur de raison effrayante, elle vit tout, la honte et le crime. Elle se retrouva, la noble créature, et elle ne s'inquiéta plus de souffrir.

Un rayon du ciel avait traversé son cœur.

Elle avait en une seconde, et pendant même que sa bouche disait ces mots, élevé sa pensée jusqu'à Dieu. Dieu lui avait répondu : « Tu vas être martyre ; tu renonceras à la plus grande joie que j'aie mise sur la terre ; mais tu auras fait ton devoir. »

Elle se leva et s'en alla au fond de la chambre.

Elle ne put pas s'empêcher pourtant de se murmurer à elle-même, et comme pour s'enchanter :

— Je l'aime ! je l'aime !

Elle cachait sa tête dans ses mains ; sans cela Tiburce aurait compris ce qu'elle voulait dire en voyant l'extase de sa figure.

— Monsieur, reprit-elle, quand elle eut silencieusement fait son sacrifice, j'ai oublié une obligation sacrée. C'est aujourd'hui le 15, n'est-ce pas ?

— Oui, madame.

— Eh bien, un homme, un vieillard, va peut-être mourir par ma faute ! Ah ! il y a bien des drames dans la vie réelle ! Vous ne savez pas...

— Madame ! reprit Tiburce épouvanté.

— Venez avec moi. Il fait nuit ; vous allez apprendre.

Elle mit un châle à la hâte, et traversa la cour presque en courant.

Tiburce la suivit.

Elle se croyait sauvée ; elle rêvait qu'elle le conduisait au bonheur.

Elle le conduisait à une bonne action.

VII

En effet, par quoi sa vertu pouvait-elle se défendre, sinon par l'exemple et la participation imposés ?

Et nous n'entendons point par vertu cette chose froide, ennuyeuse entre le prône et les prix Montyon, qui fait quelquefois des femmes utiles, mais qui les fait gauches, raides et revêches ; qui garde l'honneur de la couche, mais remplit la maison de contrainte ; qui peut produire une madame Grandisson, mais jamais une sainte Thérèse. Nous entendons par vertu la présence de Dieu dans une âme, le souvenir du bien, le sourire de la charité et la sainteté de la beauté. Catherine aurait été presque gaie en montant avec Tiburce la grande rue du village, si elle n'avait pas eu la crainte d'arriver trop tard.

Elle le sauvait, croyait-elle.

Ce qui l'avait amené à s'occuper d'elle, c'était leur rapprochement d'abord, mais surtout son oisiveté. En lui créant une tâche, en lui imposant une surveillance, elle l'arrachait à la folle tentation.

Elle ne dit rien de son projet tout en hâtant le pas.

Mais il fallait qu'elle prévînt Tiburce de ce qu'il allait faire et voir.

— Nous allons chez le grand-père d'Adèle ! dit-elle simplement, et sans songer à ce que ce nom d'Adèle rappelait.

— Comment, madame, vous vous intéressez à cette famille ?

Il fut aux regrets d'avoir dit cela ; pour la dignité de madame Clermont, il devait paraître ignorer.

— A quoi me servirait de n'être pas obligée de travailler pour vivre, dit-elle, si je ne cherchais pas à rendre utile mon oisiveté ? Je serais reconnaissante au hasard, pour me justifier mes loisirs, de m'envoyer des malheurs à secourir ; s'ils n'étaient pas des malheurs...

— Le grand-père de cette fille ne peut pas être pauvre.

— Ce n'est pas la pauvreté, dit-elle, c'est la maladie. Des chagrins que je ne m'expliquais point, mais dont je vois la cause à présent, surexcitent cette vieillesse souffrante. Adèle est une âme égarée, et pour laquelle il faut prier. Son grand-père ne comprend que la honte qu'elle met sur elle et ne se souvient pas des raisons d'isolement et du mauvais exemple qui peuvent atténuer ses fautes.

— Parler ainsi de cette malheureuse ! s'écria Tiburce. Que vous êtes angéliquement bonne, madame !

— Je ne suis qu'un peu compatissante ! reprit-elle. Le vieillard est criblé de blessures. Pendant un mois, heure pour heure, il entasse tous les reproches mérités qu'il peut faire à sa petite-fille, toutes les malédictions qu'il devrait lui donner. Il ne la voit jamais ; il ne peut pas marcher, et elle ne vient pas. Tout le fiel, tout le ressentiment, tout le sang empoisonné reste en lui. Et le trentième jour, périodiquement, la crise arrive... une de ses blessures s'ouvre...

— Alors...

— Alors il veut se tuer ; il le veut avec toute l'énergie de l'impuissance. Je suis là : je m'efforce de le désarmer. S'il était seul, il parviendrait à ce qu'il a résolu. C'est aujourd'hui le jour de sa crise. Voulez-vous m'aider ?

— Si je le veux !

— Non-seulement m'aider à présent, mais me remplacer. J'ai usé de tous mes raisonnements de femme, peut-être ceux d'un homme le convaincront-ils davantage !

Ils avaient passé la maison de M. Mortagne. Ils montaient un sentier abrupt dans les vignes. En haut de la côte, une masure se blottissait entre deux amandiers. Une lumière tremblotait derrière une fenêtre où le papier avait remplacé les vitres. C'était la demeure du père Privat.

— Hâtons-nous! dit Tiburce, effrayé par ce que Catherine lui avait raconté.

— Oh! il redoute ma visite. Nous n'entrerons pas ainsi. Regardez, sa porte est fermée.

— Nous en viendrons à bout facilement.

Et Tiburce s'appuya de tout son poids sur les planches qui ne cédèrent pas.

— Je sais la manière d'ouvrir, dit Catherine.

Elle alla prendre un piquet dans les vignes, le passa sous la porte qui joignait mal, et, au risque de déchirer ses mains, appuya fortement. Le verrou glissa.

— C'est toutes les fois ainsi! dit-elle. Il raccommode sa porte chaque mois. Il se défend!

Ils entrèrent.

Le père Privat était étendu sur la terre, seul plancher de sa masure. Sa bouche écumait. Il s'était traîné jusqu'au mur, sur lequel était attaché un vieux fusil qu'il ne pouvait pas atteindre. Quand il vit Catherine, il s'écria :

— Je souffre trop! Vous n'auriez pas dû venir!

Elle s'approcha, prit de l'eau dans une cruche, s'agenouilla, et mouilla la bouche et les tempes du vieillard avec son mouchoir.

Lui, cependant, criait toujours :

— Rien n'y fera! La crise est plus forte que ma raison! Ah! l'enfer! il y a des gens qui disent qu'il n'existe pas! Je le sens dans ma tête, dans ma poitrine, sur mes jambes, partout!

— Laissez-moi avec lui, dit Tiburce, qui avait peur de ce spectacle pour Catherine.

Le père Privat le vit alors, et lui cria :

— Vous êtes un homme, vous! Vous savez ce que c'est que d'avoir dépensé toute sa force. Eh bien! la mienne est épuisée. J'ai été soldat, on m'a relevé trois fois sur le champ de bataille. Ce n'est rien en comparaison de ce que je sens. Par pitié, donnez-moi mon fusil. Sortez avec madame Clermont. Dans une minute, je serai près de Dieu!

Catherine était toujours penchée sur le vieillard : elle l'avait presque redressé avec ses faibles bras ; elle passait ses doigts sur ses jambes tremblantes, et réchauffait son front de son souffle, et lavait ses blessures.

— Dans une minute, répondit-elle en lui faisant un écho, vos douleurs seront calmées. Vous savez bien que je vous guéris toujours!

— Et c'est vous qui êtes là! répondit Privat; mon bon ange a toujours la même figure! Mais vous ignorez donc tout? Je dois vous faire horreur. Mon sang ruinera votre famille. Adèle est la maîtresse de votre mari!

— Taisez-vous! reprit-elle, affligée que ce scandale fût monté jusque-là; vous n'êtes pour rien dans ce malheur. Appuyez votre tête sur mon épaule. Vous voici mieux, n'est-ce pas?

— Le mieux n'est pas encore le bien! dit-il.

— Si vous pouviez chasser Adèle de votre pensée, les crises ne reviendraient pas. Monsieur, dit-elle en montrant le duc, est un habitant nouveau du pays. Il viendra vous voir tous les jours. Il vous distraira : il a été soldat, lui aussi.

— Vous lui avez donc donné de votre cœur, madame, qu'il veuille bien s'occuper de moi!

— Il a entendu raconter votre malheur, et il est venu de lui-même, dit Catherine avec un sourire sur Tiburce.

— Et monsieur se nomme ?

— Montbarrey, ancien chasseur d'Afrique, dit Tiburce.

— Allons! murmura Catherine à son oreille, commencez votre tâche d'infirmier. Faites-le dormir!

— Comment vivez-vous, demanda Tiburce à Privat, les jours où vous n'avez pas ces atroces douleurs?

— Mal. Je m'asseois sur la porte, et quoique je les détourne, mes yeux vont toujours sur la maison d'en bas, la maison de la honte!

— Nous fumerons notre pipe ensemble. Vous me raconterez l'Égypte : je vous dirai l'Afrique.

— Mais le temps vous durera bien avec moi!

— Nous parlerons aussi de madame Clermont.

— Ce n'est pas dans l'ordonnance, dit Catherine.

— Il est vrai que ce temps-là vous sera compté par Dieu!

— Me promettez-vous de faire ce que je vais vous demander? dit Tiburce à Privat.

— Vous ne me demanderez rien que de possible?

— La nuit est complète. Madame Clermont et moi, nous veillerons auprès de vous pendant quelques instants. Vous allez dormir.

— Je ne pourrai pas.

— Je vous en prie! dit Catherine.

Tiburce lui donna le bras, et le coucha tout habillé sur son lit. Privat se laissa faire.

Il tourna la tête vers la ruelle, et telle était sa reconnaissance pour Catherine et l'énergie de sa volonté qu'au bout de cinq minutes il dormait.

— Vous êtes un meilleur médecin que M. Champanelle, madame! Et croyez-vous que s'il se réveille?...

— Tout danger est passé. Nous pouvons redescendre.

— Mais comment faites-vous pour le calmer ainsi?

— Je prie.

Ils sortirent.

— Maintenant, dit-elle, vous allez me donner votre bras. J'ai peur de tomber dans ces vignes.

C'était la première fois que Catherine s'appuyait sur lui. Il savoura ce bonheur qui lui fut plus doux que bien des voluptés.

— Est-ce que nous rentrons? dit-il avec crainte.

— Tout à l'heure. Asseyons-nous!

Ils étaient montés en haut des vignes. Un mur à moitié écroulé indiquait la limite. Catherine se mit sur une large pierre recouverte de mousse, et appuya son bras sur celui de Tiburce pour qu'il s'assît aussi.

— A présent, lui dit-elle, que nous sommes liés l'un à l'autre par une bonne œuvre à continuer, parlons-nous sans détours, et abordons le grand sujet.

Il ne pressentait pas ce qu'elle voulait dire, mais ce ton d'amitié lui faisait battre le cœur.

— Il importe que nous nous expliquions une fois pour toutes, continua-t-elle, et nous nous devons d'être sans réserve. Vous ne m'en avez rien dit, je ne vous en parlerai pas non plus; seulement, comprenez-moi, cela ne se peut pas.

— Et pourquoi vous prémunir? répliqua-t-il. Pourquoi vous armer contre moi? J'accepte tout.

— Ce n'est point contre vous que je prends mes défenses, répondit-elle : c'est contre cette nuit pleine de mystères, c'est contre ce vent tiède qui vient entre les vignes, c'est contre notre isolement et notre jeunesse ! Oui, quoique ma nature se soulève contre la trahison, quoique je sente que mon sang est honnête, je n'ai point l'orgueil de me croire sans faiblesse, je pourrais succomber où de meilleures que moi se sont perdues ; mais, voyez-vous, j'en ai la certitude absolue, si cela arrivait, Dieu me retirerait mon enfant.

— Mais, répondit Tiburce, n'avez-vous pas deviné que je suis de ceux qui se résignent !

— Et puis, reprit-elle, en s'indignant contre elle-même, je me calomnie, c'est impossible ! Je ne tromperai jamais ; j'adore la vérité. Le mensonge de l'action me serait mille fois plus odieux encore que le mensonge de la parole.

— Madame, dit Tiburce en contenant son trouble, j'aurai du courage tant que je pourrai, et après...

— Voilà ce que je voulais vous amener à dire. Après, ô mon ami bien cher, compagnon de mon sacrifice, nous aurons la récompense !

— Quelle récompense? répondit-il en palpitant.

— J'ai quelques idées là-dessus, et il est de mon devoir de vous les donner. Je sais bien qu'une religion qui promet que toutes les larmes seront payées, rapetisse l'âme humaine, et semble ne l'attirer à elle que par un calcul. Mais enfin la créature est médiocre, Dieu a conformé son mérite à sa petitesse.

6

Quand nous aurons lutté, quand nous aurons passé par toutes les épreuves, chancelant assez pour montrer que nous sommes martyrs, mais pas assez pour tomber, douloureux, épuisés et fidèles, il nous appellera, il nous réunira, et mon âme sera à la vôtre. Oui, croyez-moi ! soyez sûr ! nous serons époux, si c'est ainsi qu'on nomme là-haut ceux qui ne sont plus séparés.

— Eh bien ! reprit Tiburce, gagné par cette extase et pénétré par cette ferveur, je crois comme vous, j'espère, j'attends ! Mais donnez-moi un gage ! ne vous défiez pas : soyons fiancés pour l'immortalité ! Laissez mes lèvres toucher votre front !

Il s'approchait, maîtrisant son entraînement au point de ne pas oublier son respect, mais enivré, mais buvant les paroles de sa maîtresse du ciel ! Son bras frôlait autour de sa taille le châle que le vent soulevait, sa bouche embrassait dans l'ombre les cheveux de Catherine.

— Non ! lui dit-elle, en se penchant de l'autre côté : ne mêlons pas le réel à l'idéal ! Pas cet amour-là plus que celui que nous repoussons ! Gardons-nous pour des bonheurs sans fin. Le platonisme, comme on l'appelle, est une dérision ou une fausseté. Amitié sans amour ici ! et ailleurs autre chose ! Et même, ajouta-t-elle, j'ai encore une dernière épreuve douloureuse à vous demander.

— Parlez ! vous m'avez fait de la douleur une habitude, reprit Tiburce.

— Et une espérance ! dit-elle.

— Et une espérance !

— Nous ne nous verrons plus que par hasard.

— Madame! répondit-il, vous m'ôtez ma dernière goutte d'eau.

— Soyez fort !

— C'est bien ! je me contenterai de voir votre toit.

— Ah ! dit-elle, profondément remuée par tant de soumission, pensez-vous que je ne souffrirai pas comme vous ! Et puis, — et elle montra la masure, — il faudra bien malgré tout que nous nous retrouvions ici quelquefois. Vous n'oublierez pas mon protégé, n'est-ce pas?

— Ne me gâtez point ma bonne action, dit-il ; ne me faites pas entendre que je ne vous verrai que là !

— Oh ! ailleurs aussi ! lorsque je serai certaine...

— Ne l'êtes-vous pas ?

— Vous viendrez bien quelquefois. Étienne aura besoin de vos conseils ! Ce qui est impossible, c'est cette intimité de chaque moment...

— Tout à l'heure, chez vous, ne disiez-vous pas pourtant ?...

— Tout à l'heure, je ne savais pas ! Rentrons.

Elle s'avança seule par le sentier entre les ceps. Tiburce la suivait.

— La nuit a ôté toute couleur à ce paysage, lui disait-il, on ne soupçonne les amandiers que parce que de temps en temps les oiseaux y volent en dormant ; les vignes sont immobiles avec leurs pampres réunis comme les tentes d'un camp; la montagne, plus loin, est unie comme la plaine ; la rivière à sec ne bouge pas, et l'ombre des joncs empêche qu'on n'y voie les étoiles : et malgré tout cela, dans le coin le plus éclairé de mon souvenir, je contemplerai toujours les amandiers, la vigne, la montagne et la rivière. Ah! ce tableau restera lumineux et doux dans sa tristesse, et le son de votre voix, ce soir, se prolongera d'échos en échos dans toute ma vie!

— Vous avez appris à être poëte, dans vos nuits d'Afrique.

— Est-ce que cela s'apprend? dit-il. La poésie est la langue de ce que vous ne voulez pas que je nomme.

Ils étaient arrivés à la poste. Une veilleuse attendait dans la salle. Catherine alluma les bougies. Ils montèrent l'escalier sans se rien dire, et devant leurs portes, qui étaient en face l'une de l'autre, ils se retournèrent. Le duc l'avait saluée silencieusement.

— En se quittant, lui dit-elle doucement, on se donne la main.

Il la prit avec transport et voulut la porter plus haut. Mais il s'arrêta, se souvenant de sa promesse.

Étienne n'était pas rentré.

VIII

Le lendemain, Catherine s'éveilla de bonne heure. Elle voulait voir partir cette chaise de poste de Montbarrey, qui était entrée dans la cour avec tant d'indifférence quinze jours plus tôt. Le domestique du duc avait porté d'avance les coffres de son maître. Il s'éloignait comme un voyageur ordinaire. Il n'avait pas eu le temps encore de monter son écurie, et Clermont avait donné l'ordre de lui fournir des chevaux. Tiburce, ouvrant la portière, regarda la fenêtre de Catherine. Rien n'y parut; seulement, un rideau remua lorsque la voiture disparut dans la cour.

Catherine souffrait, comme si les roues avaient porté sur sa poitrine. Un dévouement absolu, une loyauté sans égale, un respect amical, et plus que tout cela, l'amour de ses rêves, s'éloignait d'elle pour ne plus revenir peut-être. Elle n'essaya point de se soustraire à cette douleur insensée. La femme reprenait le dessus; l'héroïque lutteuse allait verser des larmes.

D'abord elle écouta aussi longtemps qu'elle put les grelots qui couraient sur la route. Les chevaux étaient partis au galop, comme pour le mener à une fête. Bientôt le carillon ne fit pas plus de bruit que le marteau du cantonnier qui cassait des pierres sur la route. Tiburce allait si près qu'il devait être arrivé. C'était fini! Une vie nouvelle allait commencer pour lui; il n'était plus leur hôte. Celui de Clermont, il ne l'avait guère été; mais le sien! Elle l'avait logé dans son cœur, et il y occupait maintenant toute la place.

Ensuite elle voulut aller dans la chambre quittée.

Elle y entra épeurée, comme si elle avait fait du mal. Elle aurait rougi si on l'avait vue.

La chambre était tiède encore. Tiburce y avait allumé un cigare en partant; il avait approché une chaise près de la table comme pour écrire, sans doute la veille. Oui, il avait écrit. Sur une feuille de papier, il y avait le mot de Catherine. Il n'avait pas continué. Qu'aurait-il pu mettre?

Elle ne devait pas laisser traîner ce papier. Le déchirer! c'était une lâcheté contre l'absent! le garder; c'était plus qu'une faiblesse! Elle le garda!

Ensuite elle s'approcha du lit. De quel côté aura-t-il dormi? pensa-t-elle. Et a-t-il dormi? Elle tomba à genoux sur le tapis, appuya elle-même sa tête sur l'oreiller et pleura. Elle pleura longtemps, toutes les larmes amassées de ses sacrifices pendant tant de jours, larmes qu'elle avait retenues. Sur cet oreiller, on eût dit qu'elle reprenait les rêves qu'il avait dû faire. Elle revit leurs actions, leurs promenades, et les places où ils s'étaient assis dans la salle, et les petites branches qu'il avait cueillies pendant les promenades. Elle entendit tous ses mots, même ceux qui étaient indifférents. Elle se rappela des enfantillages : qu'un jour il avait commencé à siffler un air de régiment devant elle, et qu'il s'était arrêté honteux; et des choses plus graves : qu'une autre fois, en écoutant des chasseurs tirer au loin dans la montagne sur des perdrix qui s'envolaient, il lui avait dit, l'impie! « Je voudrais finir, comme un de ces oiseaux, par un coup de fusil au cœur! »

Est-ce qu'il pensait au suicide, ainsi que le père Privat? Est-ce qu'elle ne l'avait pas trop désespéré la veille?

Alors, voyant qu'elle était à genoux, elle ne voulut pas se relever sans avoir prié. Elle pria pour Étienne qui l'abandonnait, pour Pauline qui dormait, et aussi pour celui qui avait été là!

Elle n'aurait jamais épuisé ses souvenirs ni ses prières; mais les nécessités de ses occupations habituelles la firent se relever.

Il faut dire que depuis qu'elle avait été certaine de l'infidélité de M. Clermont, elle l'avait éloigné de son appartement, sous des prétextes facilement acceptés. Son honneur se révoltait contre un partage. Étienne s'était réfugié dans une pièce voisine. Le lit de Pauline restait auprès de celui de sa mère.

En rentrant, Catherine s'étonna que la petite ne l'eût pas encore appelée. Elle entr'ouvrit ses rideaux. L'enfant avait les yeux ouverts.

— Pourquoi ne dis-tu rien? demanda-t-elle.

— Parce que j'ai du mal, maman. Je voulais attendre d'être guérie pour te dire bonjour.

Catherine arracha presque les rideaux d'impatience et d'effroi.

Pauline était rouge; sa respiration sifflait, ses prunelles se dilataient.

— Où souffres-tu, chère petite? dit Catherine, ne trouvant presque plus de voix pour la questionner.

— Là! répondit-elle, en mettant sa main sur sa poitrine.

— Ah! murmura la mère; Dieu me punit! Dieu me punit!

Puis elle reprit, penchée sur le lit et souriant comme aux jours tranquilles :

— Ce ne sera rien! Tu vas boire quelque chose de bon, et je vais te chercher des images. Tu t'amuseras bien, Pauline! C'est si amusant d'être malade! Elle ne l'avait jamais été encore, pensa-t-elle. Mais ce n'était pas l'heure de penser.

Elle courut chez Étienne. Il dormait.

— Lève-toi! cria-t-elle; Pauline est très-mal. Va chercher M. Champanelle.

— Mais c'est impossible ! répondit Étienne, à peine réveillé. Hier soir, elle était si gaie !

— Hier soir, tu ne l'as pas vue ! ne put s'empêcher de dire Catherine. Il faut y aller toi-même, pour qu'il soit ici dans un quart d'heure.

Étienne se leva ; il ne se pressa pas. Catherine était repartie. Il fit sa toilette ; il n'omit aucun détail ; il plaça son miroir devant sa glace et se trouva joli garçon et se rasa. Ce n'était pas qu'il n'aimât un peu sa fille ; mais les femmes exagèrent tant ! Puis, il ne lui plaisait guère de voir un médecin dans sa maison. il était superstitieux. Quand le médecin serait venu pour Pauline, il viendrait peut-être pour lui. Quoiqu'il fût pénétré d'admiration pour M. Champanelle, un traitement ne lui irait guère. Sa maîtresse était si jolie, et ne lui demandait rien ! La veille encore, elle l'avait tant fait rire avec des mots que Catherine ne disait jamais. La maladie de Pauline le gênerait beaucoup, et si bon qu'il soit, un médecin les fait toujours durer. Il verrait lui-même. Il alla dans la chambre de sa femme. Elle le croyait déjà de retour.

— As-tu trouvé M. Champanelle ? dit-elle.

— Tu es folle, avec ton médecin, répondit-il après avoir regardé Pauline. Elle aura pris froid au jardin ; elle n'a besoin que d'une soupe au vin. Je m'y connais, moi ! Au régiment...

— Tu n'as pas été chez le docteur ? interrompit-elle.

— Il y a tout le temps !

— Ah ! malheureux ! s'écria-t-elle, tu veux perdre ta fille !

— Mais ne parle donc pas si haut ! Tu vas l'effrayer !

— Elle n'entend plus ! reprit Catherine en se tordant les mains. Regarde ! et elle le mena près du lit.

Le mal avait progressé : sur le fond écarlate des joues de la petite, des taches vertes ressortaient livides ; ses paupières gonflées recouvraient ses yeux. Elle dormait de sa fièvre.

Étienne devint tout pâle.

— Je serai de retour dans cinq minutes, dit-il en s'élançant dans le corridor.

Il rencontra Laubépin.

— Est-ce que monsieur va chez M. Champanelle? dit celui-ci.

— Oui, répondit Étienne, sans penser à s'étonner de la question.

— M. Champanelle est en route pour venir. J'ai été le chercher à cause de l'abcès de Jean.

Était-ce vrai? Laubépin avait-il seulement deviné, par la pénétration suprême de l'amour, en voyant Catherine éplorée passer devant une fenêtre, ou en questionnant la servante? Le fait était que M. Champanelle arrivait.

Il croisa Étienne dans le corridor. Ils montèrent ensemble.

Laubépin se glissa dans la chambre de M. de Montbarrey sans que personne l'eût vu.

Quand M. Champanelle paraissait, c'était la certitude de la guérison qui venait. Étienne du moins le croyait, et il n'avait plus d'inquiétude. Catherine était moins confiante.

M. Champanelle examina longtemps, prit les mains, ouvrit les yeux et la bouche de Pauline, puis laissant retomber les rideaux avec découragement, il attira Clermont vers la porte.

— C'est très-grave ! dit-il.

— Monsieur, par grâce, s'écria Catherine, ne m'épargnez pas!

Catherine était d'une merveilleuse beauté en s'approchant ainsi de M. Champanelle. La tristesse, l'ardeur, un reste d'espoir, un désir immense passaient sur son visage. M. Champanelle la regarda singulièrement avant de répondre.

— Je disais à votre mari, madame, que cette enfant a été comme frappée de la foudre.

— Ah! sauvez-la! s'écria Catherine; vous le pouvez, si ce qu'on dit est vrai!

Et elle inclina presque les genoux devant cet homme.

Il la releva, retourna encore auprès du lit.

— Maintenant, je vous en réponds, dit-il.

— Ah! merci! fit Étienne en respirant bruyamment. Vous la sauverez! je vais donc pouvoir aller au café!

Ce mot bizarre n'accusait pas la sensibilité d'Étienne; il signifiait seulement : je n'ai plus cette atroce préoccupation; je suis libre!

Champanelle sembla le comprendre ainsi, car il répondit :

— Soit, monsieur Clermont, allez-y! j'expliquerai à madame ce qu'il y aura à faire.

— Mais bien sûr!... Pas de plaisanterie!

Catherine, malgré son angoisse, ne put se tenir de hausser les épaules.

— Devant une mère? dit-elle au médecin.

— Devant une mère, je le répète : l'enfant vivra.

— Ah! monsieur, je vous aimerai comme Dieu, dit-elle.

Étienne sortit.

— Madame, dit M. Champanelle, votre mari n'est pas digne de vous avoir.

— Pardonnez-lui, monsieur, au nom du bien que vous allez faire.

— Je lui pardonne, et de grand cœur, répondit-il en riant presque.

Elle ne vit pas qu'il riait.

— Monsieur, continua-t-elle, notre famille sera la vôtre. Quand Pauline sera grande, elle saura que c'est à vous qu'elle devra la vie, plus qu'à moi; car, moi, je n'ai fait que la mettre au monde involontairement; vous, vous l'aurez ressuscitée par votre génie. Vous êtes bon! vous êtes saint!

Il essaya pourtant de se dérober à cette reconnaissance, comme si elle lui pesait.

— Ne me remerciez pas tant, dit-il, rien n'est fait encore.

— Mais tout se fera! répondit-elle, car elle voulait croire.

M. Champanelle se promenait par la chambre, embarrassé malgré son audace.

— Fermez la porte, madame, je ne me soucie pas de livrer mes secrets au public.

— Sans doute! la science est sacrée.

Et elle mit le verrou.

Elle approcha ensuite le meilleur fauteuil, et le fit asseoir.

— Êtes-vous bien? dit-elle. Que la médecine est une belle chose! Car enfin, si on ne vous avait pas trouvé, ma fille serait morte! Tandis qu'au contraire...

Elle souriait.

— Madame, reprit-il, ne nous faisons pas d'illusion. Pauline est atteinte d'une péripneumonie; les organes de la vie sont déjà paralysés. Je ne veux pas me vanter; cependant, aucun de mes confrères ne vous la rendrait.

— Ils ne savent rien; mais vous !

— Dans quelques heures sa petite bouche serait fermée, ses bras pendraient le long de son corps; elle ne verrait plus, et la décomposition arriverait rapidement.

— Vous m'épouvantez! dit-elle avec horreur. Pourquoi me parler d'une chose qui ne sera pas?

— Pour vous bien convaincre que la vie de votre fille tient absolument à ma bonne volonté, et que seul au monde...

— Oui, dit-elle, vous ne vous êtes jamais trompé. Je le sais, je l'attesterais.

— Je puis obtenir que Pauline coure au jardin dans deux jours; je puis même rendre sa santé plus robuste dans l'avenir. La science de la vie a usé la mienne : je n'ai plus de cheveux, je suis vieux avant l'âge. Il faut bien que la science me récompense...

— C'est trop juste, dit-elle. Quelque prix que vous mettiez...

— Je ne veux pas d'un prix ordinaire... Je sauverai l'enfant, je vous le jure! mais à une condition...

— Je les accepte toutes! répondit-elle avec enthousiasme.

— Toutes?

— Toutes!

— Eh bien! madame, reprit-il, daignez vous souvenir que j'ai été deshérité de toutes les joies du monde! que je n'ai vu luire sur moi d'autres rayons que ceux de ma lampe éclairant les livres où je cherchais et où je trouvais les derniers mots de cette science qui existe depuis le commencement des âges ; que ne vivant que dans les théories sublimes, je ne sais pas me conformer à toutes les lois du monde, et quand vous aurez apprécié cela, je vous parlerai !

— Mais je vous admire, je vous bénis d'avance ! Que voulez-vous de plus ? répondit-elle déjà effrayée.

— Vous n'aurez pas horreur de moi ?

— De vous ? qui allez me rendre ma fille !

— Apprêtez-vous à une révélation terrible.

— Parlez ! dit-elle, les lèvres tremblantes. Il me semble que je ne l'entends plus respirer.

Et elle se jeta sur le lit.

— Elle dort toujours, dit-elle en revenant. Parlez donc !

— Apprenez tout ! reprit-il après un silence durant lequel il avait repris des forces. Je vous aime, Catherine. Me comprenez-vous ?

Elle recula, devint plus blanche que les rideaux de son alcôve, puis bientôt :

— Vous m'aimez ! c'est une raison de plus pour vouloir mon bonheur. Mon âme est là ! ajouta-t-elle en montrant Pauline.

— Je le veux, ajouta-t-il ; et le mien aussi. Ce soir, ou Pauline sera morte, et vous m'aurez repoussé, ou elle vivra, et vous aurez été à moi.

Elle demeura un instant anéantie devant ce crime : elle ne dit rien.

— Il y a si longtemps que je vous aime, et que je me tais ! reprit-il. J'attendais cette maladie au passage depuis des années. Je me disais : une heure viendra où sa beauté, sa vertu, son charme souverain seront dans tes bras! Travaille pour la trouver à cette heure, pour être infaillible, pour sauver l'enfant et te faire pardonner par la mère!

— Jamais! dit-elle en se levant et en ouvrant la porte. Vous êtes un misérable. Je vous chasse!

— Alors vous êtes résolue à tuer votre fille?

— Vous avez dit qu'on pouvait la faire vivre : d'autres viendront!

— Il sera trop tard.

— Sortez! vous dis-je. Je vais appeler M. Clermont.

— Il est chez Adèle.

— J'ai d'autres défenseurs! M. de Montbarrey...

— Est-ce que M. de Montbarrey est votre amant, madame?

Elle ne releva pas cette injure. Elle avait à supporter une telle énormité d'infamie que toute autre menace disparaissait. Elle s'indigna contre Dieu qui laissait vivre cet homme, et contre elle-même qui le laissait parler.

— Monsieur! reprit-elle, vous ne serez qu'une fois de plus lâche en sortant. Je ne me déshonorerai pas. Ma fille aura mon aveu, et plus tard, elle me mépriserait de l'avoir fait vivre à ce prix. Oui! reprit-elle encore, j'aime mieux.... qu'elle meure...

Un cri se fit entendre dans le lit de l'enfant. Pauline se réveillait et appelait sa mère.

— Maman, disait-elle, si tu savais comme mon cœur me fait mal! Je ne vois plus rien. Est-ce que le médecin n'est pas là?

— Vous voyez, madame.

Catherine résistait. Faire un pas vers Pauline, c'était presque le faire vers M. Champanelle.

— Maman!... je ne vais pas mourir, n'est-ce pas? Je suis trop petite. Viens donc m'embrasser, maman ; tu me défendras, toi!..

Catherine était au pied du lit. Elle inondait de ses baisers le front et le cou de son enfant, et elle criait :

— Je ne peux pas la tuer, cependant !

— Voulez-vous que j'achève l'ordonnance? reprit-il.

— Ah! que faire, que faire? s'écriait-elle même devant lui.

— Je ne me dissimule pas tout ce que ma déclaration a de brusque et de violent, reprit-il ; mais l'amour que j'ai eu pour vous a été aussi bien soudain et bien vainqueur. Écoutez-moi : je vous donne le temps de la réflexion. Pauline mourra ce soir, mais pas avant dix heures ; à huit, il sera temps encore... Vous me ferez appeler... et alors...

— Ah! cria-t-elle, voilà une torture qu'on n'avait pas inventée !

— Elle n'est rien vis-à-vis de la mienne. Vous me faites barbare, vous me forcez à un marché dont j'ai horreur ! Pourquoi êtes-vous si belle? pourquoi vous aimé-je ?

Il lui paraissait revenir à des sentiments plus modérés. Elle espéra, elle revint vers lui.

— Écoutez, dit-elle. J'oublierai tout ! Rendez-la-moi ! Le travail vous a troublé les idées. Vous ne pouvez pas vouloir qu'à côté du lit de mort de ma fille... Non, ce que vous voulez, c'est qu'on vous aime... Je vous aimerai... j'irai chez vous... je vous donnerai ma réputation... je permettrai qu'on croie tout ! Mais, sauvez-la !... n'exigez rien !... C'était pour m'éprouver que vous me disiez cette chose horrible ! Vous êtes bon, au fond... Je sais que vous faites beaucoup de bien... Monsieur! monsieur! si j'avais cédé, vous m'auriez repoussée du pied, n'est-ce pas?... Rendez-la-moi... pour rien... Ah ! je vous aimerai tant !...

— Malheureusement, reprit-il, la science m'a appris à ne me satisfaire qu'avec des données positives. Ce soir... je reviendrai...

— Ne revenez pas !

Et Pauline appelait toujours dans son lit.

— Maman, disait-elle, je ne peux déjà plus respirer. J'ai été bien méchante quelquefois, mais je ne devrais pas tant souffrir! Je serai si gentille, si tu me guéris !.. Guéris-moi... tu es ma mère !..

Catherine n'y tint plus. Elle avait fait devant Dieu le sacrifice d'autre chose que de sa vertu. Pauline vivrait.

— Ainsi, monsieur... ce soir...

— Enfin ! s'écria-t-il... Vous serez seule ?

— Seule.

— Mais moi non plus je ne voulais pas que cette chère enfant mourût. Je vais préparer le remède. A huit heures...

— Oui.

— Voudriez-vous avoir la bonté de sonner pour qu'on m'amène mon cheval? J'ai des courses à faire.

Catherine sonna.

Ce fut Laubépin qui parut.

Il y eut plus que de la haine dans le regard dont il enveloppa M. Champanelle ; mais celui-ci était trop triomphant pour le remarquer.

Quant à Catherine, il entrait auprès d'elle comme s'il lui apportait un espoir immense et une protection infinie. Il ne dit rien cependant.

— Mon cheval? demanda M. Champanelle.

— Venez, monsieur.

Comme ils traversaient le corridor, Laubépin s'arrêta.

— Je n'ai pas voulu vous le dire devant madame, car cela l'aurait contrariée pour vous, mais votre cheval n'est pas en état de se remettre en route.

— Qu'est-ce que vous me chantez?

— Il a pris une colique, et il est étendu sur la litière. Bien heureux s'il en réchappe! Venez voir.

— C'est étonnant! dit M. Champanelle fort contrarié.

— Après ça, vous qui êtes savant, vous allez peut-être le relever, rien qu'avec des paroles.

— Je ne suis pas vétérinaire!

La pauvre bête était couchée sur la paille, avec des soubresauts convulsifs, regardant son ventre.

— C'est malheureusement vrai, dit le médecin. Mais j'ai cependant des courses indispensables à faire, et très-loin, et par des chemins affreux!

— Il ne manque pas de chevaux ici, reprit Laubépin.

— Des rosses!

— Des rosses! répondit Laubépin comme indigné. Diriez-vous ça de Bijou?

— Qu'est-ce que Bijou?

— Le cheval de madame Clermont.

— Ce petit gris?

— Lui-même. Tenez ! j'y pense, vous devriez le prendre pour votre campagne d'aujourd'hui.

— Tu as raison. Selle-le-moi vite !

Laubépin s'approcha de Bijou, l'embrassa sur les narines et eut l'air de lui parler dans les oreilles. Bijou hennit faiblement, tourna sa tête et regarda M. Champanelle qui se promenait dans l'écurie.

Laubépin conduisit le cheval à la porte, et tint l'étrier.

— Allons, Bijou, sois bien sage pour monsieur, lui dit-il.

— Est-ce que vous me prenez pour un conscrit ? répondit M. Champanelle avec hauteur.

Il rassembla les rênes et s'en alla au pas.

— A présent, à l'autre affaire ! se dit Laubépin.

Il rentra à l'écurie, prit au hasard un cheval le long des mangeoires, ne se donna pas le temps de le seller, lui passa un bridon, sauta à poil et partit au galop.

Étienne rentra peu après : il avait gagné vingt-cinq sous à l'impériale.

IX

Cependant Catherine prenait une résolution suprême.

Les charmes de sa figure lui avaient attiré trop d'adorateurs et de malheurs pour qu'elle pût les ignorer. C'étaient eux qui allumaient la passion monstrueuse de M. Champanelle ; c'étaient eux qui la réduisaient à se vendre pour le rachat de sa fille. Elle les anéantirait, elle se rendrait hideuse, M. Champanelle ne voudrait plus d'elle ; et ensuite, à prix d'or, on obtiendrait qu'il sauvât Pauline.

Elle savait les moyens de se défigurer.

M. Clermont serrait dans une armoire une sorte de pharmacie pour les chevaux. Parmi les flacons, elle en avait vu prendre un quelquefois. On en appliquait quelques gouttes sur la jambe du cheval boiteux; la boiterie guérissait, et il restait une cicatrice profonde qui ne se fermait jamais. Elle prit la clef de l'armoire et s'empara du flacon. Elle avait la certitude alors de se soustraire à la honte.

Aucune autre ressource ne pouvait se présenter à elle.

M. Champanelle, avec la vie de Pauline, la tenait renfermée dans les mailles sanglantes d'un secret abominable à garder ; et comme elle ne se résolvait pas non plus à l'infamie, elle s'était décidée au sacrifice.

Et il était terrible pourtant ! Il lui semblait par moments qu'en portant ainsi la main à la figure que Dieu lui avait donnée, elle allait commettre une action de quelque analogie avec le suicide. Avait-elle le droit d'éteindre ses yeux, d'effacer son sourire, de stigmatiser son front? Est-ce que cette beauté n'était pas un danger qu'elle ne devait pas fuir ? Est-ce qu'il était permis d'attenter de la sorte à la ressemblance humaine avec le Créateur ? Est-ce que le ciel s'ouvrirait, plus tard, à celle qui y arriverait avec un visage qui ne serait pas le sien?

Et puis Tiburce, qui aimait tant ces lignes pures, qu'il comparait souvent à celles des anges entrevus dans ses extases !

elle allait donc lui ôter cette joie de son regard! elle se ferait elle-même un objet d'horreur pour celui auquel elle inspirait l'ivresse heureuse de l'admiration ! C'était comme cela qu'elle le payerait de sa soumission, en lui retirant son seul bonheur !

Et le pauvre Laubépin, si fier de sa jeune dame, et qui avait fait tant de chansons sur ses grâces douces ! Et sa fille elle-même, qui, plus tard, ne pouvant jamais tout apprendre, aurait peut-être elle-même honte de sa mère !

Puis qui savait ce que cette substance inconnue allait produire? Il n'était pas prouvé qu'elle ne deviendrait pas grotesque, et qu'on ne rirait pas en la voyant.

Oui. Mais la maladie de Pauline ! mais la mort qui allait monter furtivement l'escalier, aux heures des ténèbres, et lui prendre son enfant!.. Elle n'hésita plus.

Elle s'était donné jusqu'à la nuit pour accomplir son sacrilége.

Pauline avait été reprise par ce sommeil dont on pouvait craindre qu'elle ne se réveillât jamais. Le danger approchait : il n'était pas encore immédiat. Étienne avait cru nécessaire de rentrer à la maison. Il avait déjeuné au café de l'Ordre, par pure bonté, et pour ne pas gêner la bonne, qui devait avoir assez à faire dans la circonstance. Puis il était monté chez Adèle, qui avait bon cœur, pensait-il, et qui, sachant que la petite était malade, devait s'inquiéter. Enfin il était revenu, à trois heures, savoir des nouvelles.

Catherine avait fermé la porte, afin que rien ne dérangeât le sommeil de l'enfant; mais elle ne pouvait pas refuser l'entrée au père.

— Ça va toujours bien? dit-il.

— Rien ne sera certain que ce soir.

— Oh! Champanelle est de première force : ce n'est pas lui qui se blouse jamais. Nous aurons bien pour quarante francs de visites à lui payer, mais je ne les regretterai pas, parole d'honneur!

Catherine frémit de pitié. Il lui fallait se contenir cependant et tout préparer.

— Étienne, dit-elle, j'ai un service à te demander.

— Tant mieux! Tu veux sans doute aller prendre l'air? Ne te gêne pas! Je resterai auprès de Pauline en fumant ma pipe. Cela ne lui fera pas mal?

— Ce n'est pas cela. Je voudrais que tu ne revinsses pas dîner ici. On n'aurait pas le temps de soigner ton repas, et tu ne serais pas content.

— Et toi?

— Moi, je ne dînerai pas.

— Tu as tort. Tu passeras probablement la nuit, prends des forces; fais-toi faire des navets, puisque tu les aimes, et que je n'en mange pas. Au fait, ça se trouve bien : j'ai justement perdu une gageure contre Blanchemin; je la lui payerai à l'hôtel. Je vais le prévenir. Mais ne te tourmente point; ce ne sera pas une noce, je suis trop triste; je rentrerai avant dix heures. Adieu.

Il l'embrassa.

Elle pensa qu'il ne la reverrait plus que défigurée, et qu'il avait été, lui aussi, presque amoureux d'elle. Cette pensée l'attendrit.

7*

— Tu ne regretteras rien, n'est-ce pas, dit-elle, si ta fille t'est conservée, et tu seras bon pour moi?

— Que veux-tu que je regrette? On est très-bien à l'hôtel des Deux-Alouettes. Quant à être bon, j'ai toujours été du parti des honnêtes gens. A propos, tu dois t'ennuyer? J'ai envie d'aller dire à Montbarrey ce qui arrive. Il viendra.

— Vas-y! répondit précipitamment Catherine.

Clermont sortit.

Depuis qu'elle avait pris sa décision, Catherine avait immensément le désir de voir Tiburce. Elle voulait lui apparaître encore avec ce qui l'avait charmé en elle, et lui laisser une impression plus durable de cette beauté qui allait finir. Ce n'était pas coquetterie en elle, c'était nécessité d'amour; c'était son dernier jour de femme : elle pouvait lui demander ce qu'il contiendrait d'amère joie.

Elle avait tout arrangé d'avance : il serait nuit quand M. Champanelle arriverait; elle ne porterait la main sur elle que quelques minutes avant qu'il ne vînt; ensuite, elle allumerait un flambeau et se ferait voir.

C'était dans la chambre de Tiburce qu'elle accomplirait tout; elle aurait plus de courage dans un lieu où elle était sûre d'avoir été aimée. Elle porta le flacon dans cette chambre. Elle aurait besoin d'eau, pour laver le sang et calmer la douleur affreuse qu'elle allait se faire; elle porta de l'eau. Tout était donc prêt; Tiburce pouvait venir; elle n'aurait plus qu'à trouver de la résolution dans son cœur, et ce serait fini!

Elle rentrait lorsque le duc se présenta. Elle raconta la maladie, montra Pauline, et dit ce qu'elle avait droit d'espérer.

— C'est donc M. Champanelle qui est votre médecin? Je n'aime pas M. Champanelle, dit-il.

Chose monstrueuse! elle fut obligée de le défendre contre l'attaque de Tiburce. Il était le salut de sa fille, le remède, la vie.

— Et pourquoi attend-il si tard pour agir?

— Il sait l'heure mieux que moi! Il sait l'heure! se répéta-t-elle tout bas.

Tiburce fut tendre comme toujours; il se reporta tout entier sur ce petit être qui souffrait. Il lui tâta le pouls longtemps, la réveilla pour la faire boire, puis la rendormit avec une belle histoire de fée.

Catherine contemplait ce noble jeune soldat d'hier, dans son rôle de garde-malade, et elle s'avoua à cette heure que tout son amour se versait en lui, excepté l'immense part qui était à Pauline. Elle sentit combien elle allait anéantir de bonheur possible. Hélas! à force de regretter elle-même, elle eut besoin d'être aussi regrettée! Pour la première fois de sa vie, elle tint à être belle, et l'attendrissement la conduisit à la câlinerie.

— Venez près de la fenêtre; asseyez-vous, et regardez-moi, dit-elle.

Faisait-il autre chose que de la regarder, qu'elle fût présente ou absente?

— Nous pouvons parler de cela, maintenant que c'est dans le passé, continua-t-elle. Vous dessinez, je crois?

— Un peu.

— Vous rappelleriez-vous assez de moi pour faire mon portrait de mémoire?

— Il vaut bien mieux que j'essaye de le faire devant vous !

— Non ! il sera plus précieux si vous le retrouvez. Commencez-le dès demain, je vous en prie !

— Mais pourquoi me dites-vous cela ?

— Qui sait? la maladie de Pauline est contagieuse : je puis la prendre et mourir bientôt !

Tiburce frémit. C'était possible en effet.

— Non ! dit-il, Dieu vous gardera.

— Je suis bien exigeante, reprit-elle. Quoi qu'il arrive, me promettez-vous d'être toujours mon ami ?

— Plus que votre ami ! Vous ne le savez que trop !

— C'est que M. Champanelle n'a pas osé me le dire ; mais j'ai compris qu'il pensait à la petite vérole ; si j'étais défigurée, hideuse, viendriez-vous encore ?

— La maladie aurait tant à faire pour vous gâter qu'il en resterait toujours trop pour mes yeux !

— Vraiment ! reprit-elle heureuse. Je vous permets de bien me voir, tant que je ne suis pas encore changée. Trouvez-vous que j'aie raison de porter mes cheveux en anneaux ? ou me conseilleriez-vous de faire des bandeaux ?

— Je ne sais pas ! dit-il très-ému. Quelque mode que vous adoptiez, vous serez toujours la plus belle.

— Les yeux ne changent pas beaucoup, et on ne perd pas toujours ses cheveux. Croyez-vous qu'on peut aimer une femme pour ses yeux et ses cheveux seulement ?

— Allons ! reprit-il alarmé, vous parlez comme si vous étiez malade déjà ?

— Prenez ma main. Vous me direz si j'ai la fièvre.

Il prit sa main blanche et fraîche, et la retourna doucement pour en caresser la paume du regard.

— Ce serait la main du printemps! dit-il.

— Oui! mais je suis plus pâle qu'à l'ordinaire.

— Je vous assure que non.

— Vous avez la vue basse. Approchez!

Tiburce ne comprenait pas. Il était à mille lieues de la supposition que ces paroles, qui lui semblaient coquettes, ne fussent que les derniers refrains, pour ainsi dire, de la jeunesse qu'elle allait perdre. Il ne se doutait pas qu'elle les répétait, la pauvre mère, pour faire un sacrifice plus complet, et qu'elles venaient, à l'amante, par un attendrissement bien excusable.

— Tenez, madame! dit-il, j'ai accepté, hier au soir, le rôle que vous m'avez imposé, mais j'y manquerais, malgré ma religion à ma parole, si vous m'attirez ainsi dans ce cercle de flamme de votre souffle. Non! puisque vous avez horreur d'autre chose, vivons sur les cimes glacées de l'amitié séraphique : ne respirons que la brise des neiges! Ne me dites pas de venir si près. Je veux être à distance du vertige.

— Mon Dieu! s'écria-t-elle sans écouter ce qu'il disait, déjà le soleil qui passe derrière les bois. Quelle heure est-il?

— Sept heures et demie!

— Ah! laissez-moi, M. Champanelle va venir!

— Est-ce que je le gênerais?

— Vous ne pouvez pas rester là. Songez donc!...

— Soit! je m'en irai quand il paraîtra.

— Non! avant! Voilà une demi-heure que vous m'avez empêchée de penser à Pauline.

— Je me retire. Me permettez-vous de venir demain?

— Demain! s'écria-t-elle avec consternation. Demain!

Tiburce s'alarmait sérieusement de l'étrangeté de cet esprit si droit et si sain d'ordinaire ; il se demandait si elle ne subissait pas déjà les prodrômes de la maladie de sa fille. Il prit tristement son chapeau.

— Eh bien! reprit-elle, vous partez maintenant?

— C'est vous qui avez ordonné!

— Tenez! dit-elle, revenant à lui, j'ai une peur horrible que ce ne soit notre dernière entrevue.

— Catherine! cria-t-il, ne me dites pas cela, ou je vous emmène, je vous arrache à tous. Ne plus vous voir! vous perdre!

— Ah! qu'une seule fois, dit-elle en passant ses mains sur le cou de Tiburce, vous m'ayez pressée sur votre cœur!

Les mains de Tiburce allaient se fermer, palpitantes de délire : on entendit un bruit de chevaux dans la cour.

— C'est lui! dit-elle en s'arrachant à Tiburce. Oh! défendez-moi!

— Contre qui? contre qui? exclama-t-il.

Mais elle trembla de ce cri échappé : elle ne faillirait pas à sa fille et à Dieu.

— Contre personne! reprit-elle en revenant à elle. J'ai la tête égarée pour n'avoir pas respiré aujourd'hui. Partez!

— Catherine, s'il y a un danger...

— Aucun, et, pour vous le prouver, dit-elle en s'efforçant de sourire, je vous le répète, à demain!

Le jour n'était presque plus dans la chambre : mais à défaut du jour, ce sourire, le dernier qui devait résulter de l'harmonie de cette pureté charmante, l'éclaira comme un rayon du soir. Elle n'avait jamais été plus belle.

Montbarrey fut ébloui de même que s'il eût vu une figure du ciel.

— On monte! redit-elle encore en courant vers la porte de la chambre de Tiburce.

Il la regarda avec surprise.

— Souvenez-vous ! dit-elle encore.

Elle entra.

Laubépin parut.

— Madame, s'écria-t-il en pouvant à peine reprendre haleine, réjouissez-vous, M. Champanelle ne viendra pas !

— Ah ! Dieu est bon ! cria Catherine, Dieu m'épargne !

Tiburce tourna la tête vers Catherine. Pourquoi redoutait-elle cet homme ?

— M. Champanelle a monté Bijou; Bijou a fait la course dans la montagne ; le docteur s'est cassé un bras. J'avais parlé à Bijou.

Immédiatement la réflexion revint à Catherine. Elle poussa un immense cri de désespoir.

— Malheureux, dit-elle, vous avez tué ma fille !

Laubépin ne se laissa pas renverser par ce cri.

— Entendons-nous ! reprit-il. J'ai empêché M. Champanelle de venir, mais je vous amène un autre médecin qui vaut mieux que lui : M. Benoît, de Saint-Rémy.

— Où est-il? cria-t-elle, en courant vers l'escalier.

— Le voici !

M. Benoît parut.

C'était un homme de soixante-dix ans, droit encore sur ses

jambes comme sur ses principes d'honnêteté. Il passait pour être dur, parce qu'il ne se servait jamais du charlatanisme de la phrase et qu'il disait la vérité sur la maladie. Il avait respiré la poudre et l'héroïsme des champs de bataille de la République. Il guérissait toutes les fois que la science pouvait guérir. Avant l'arrivée de M. Champanelle aux Orbes, toute la clientèle du canton était à lui ; Catherine le connaissait depuis l'enfance.

Elle courut vers le vieillard, et lui prit les mains.

— Vous la sauverez aussi, n'est-ce pas ? dit-elle.

— On est venu me raconter l'accident de mon confrère, répondit-il, et il reste convenu qu'aussitôt qu'il pourra reprendre son service...

— Venez, monsieur, dit Tiburce qui prévoyait l'impatience de Catherine.

M. Benoît fit allumer quatre flambeaux que Montbarrey et Catherine tenaient au-dessus du lit. Ceux de la mère tremblaient dans ses mains. L'examen fut long ; M. Benoît le prolongeait par bonté d'âme, car il avait eu son opinion sur-le-champ, et malgré sa rudesse il ne se sentait pas la force d'ôter toute illusion à Catherine.

— Eh bien, monsieur ? demanda enfin Tiburce.

— Catherine, répondit M. Benoît en se tournant vers elle, considérez votre ange comme s'il était déjà au ciel !

Elle se renversa, les flambeaux lui échappèrent. M. Benoît la soutint, et la porta sur une chaise ; mais elle se débattait contre la prostration qui s'emparait d'elle.

— Non ! dit-elle, c'est impossible ! Pauline vivra. M. Champanelle m'a juré...

— Il ne jurerait plus rien à présent.

—Oh! cet homme, reprit-elle, il a des secrets comme pas un de vous ! Il tient la vie de ma fille et il ne peut pas venir ! Il m'avait dit... c'était si simple ! Deux gouttes de la potion que je préparerai, et je vous réponds d'elle.

—Mais cette potion, il serait possible de l'avoir! dit Tiburce.

— Madame, reprit M. Benoît, quoique je n'estime pas M. Champanelle, je vais, dans l'intérêt de votre douleur, faire une démarche près de lui, et s'il connaît un remède...

— Non, monsieur ! restez ici ! madame Clermont sera plus tranquille en vous voyant près d'elle. J'y vais moi-même, dit Tiburce qui redoutait un antagonisme.

— Oui, répondit Catherine. Tout blessé qu'il est, il peut parler sans doute. Rapportez-nous la formule.

—Ah! il la dira! dit Tiburce, et quand ce seraient ses dernières paroles, je les aurai !

— N'épargnez rien ! fit-elle ; nous sommes riches ! Le bon M. Benoît me pardonnera...

— Catherine, reprit M. Benoît, vous me permettrez de vous demander un lit. Je veux assister à un des miracles de M. Champanelle.

— Mais, répondit-elle effarée, vous ne m'avez pas trompée ?

— Hélas ! non.

— Pauline n'est pas morte, n'est-ce pas ? dit-elle effrayante d'interrogation et osant à peine prononcer ces mots.

— Elle respire. Je ne crois pas encore à M. Champanelle la puissance de Jésus-Christ.

— Docteur ! ne blasphémez pas ! Si vous saviez!...

— Je sais beaucoup de choses... et j'espère bien... un jour...

Il y eut une nuance dans l'accent de M. Benoît.

Elle reparla du passé, des maladies qu'elle avait eues étant enfant et dont il l'avait tirée.

— Car, dit-elle, voulant reprendre l'espoir, j'ai bien été aussi mal que Pauline ?

— Oui, répondit-il au hasard.

— Et vous me soigniez si bien ! Vous rappelez-vous cette nuit où vous avez eu tout le temps ma main dans la vôtre. Comme ça !

Et elle lui donna à garder la main de Pauline.

C'était la ruse de l'effroi.

— Son pouls bat toujours ? demanda-t-elle.

Il ne bat que trop !

Une heure se passa dans ces souvenirs et dans ces angoisses.

— Comme c'est long ! disait Catherine.

Et dans les silences de cette conversation impossible elle parlait à Dieu.

A la fin un pas précipité retentit sur la route.

Elle l'entendit à plus de cinq minutes descendre par la cheminée.

— C'est lui ! dit-elle.

— Vous avez cru entendre ! dit M. Benoit. Ce n'est pas lui encore.

Tiburce entrait.

X

Lorsque M. Champanelle eut obtenu la promesse de Catherine, il s'en alla non pas joyeux, car le vice ne donne jamais la vraie joie, mais fier et triomphant. Il aimait la jeune femme avec les sens, et par une dépravation anatomique, depuis qu'il l'avait accouchée. Quand l'hypocrite, au sortir de la messe, où il se plaçait toujours dans la foule et au milieu des femmes, calmait ses ardeurs avec ses maîtresses, il appelait tout bas Catherine, et se trouvait honteux de n'avoir que des bonnes fortunes vulgaires et payées. Bientôt, le soir même, il allait être le maître de cette beauté accomplie, et il se demandait, hésitant entre sa tartuferie et son argent, s'il ne compromettrait pas madame Clermont et n'afficherait pas sa gloire. En attendant, il faisait son métier de guérisseur et d'avare, et, pour cinquante francs extorqués à une pauvre famille, il allait, sa trousse dans sa poche, couper une jambe à un bûcheron tombé d'un arbre.

C'était dans la montagne, et au milieu des bois. Pour arriver à la hutte du blessé, il devait traverser un large ruisseau courant sous les branches. M. Champanelle avait fait plusieurs fois la route, et il s'apprêtait, comme à l'ordinaire, à descendre paisiblement dans l'eau avec son cheval.

Mais Bijou était plein d'idées, comme on l'a vu. Soit qu'il devinât qu'un ennemi de la maison était sur lui, soit que Laubépin lui eût mis une selle qui le meurtrissait, il médita un mauvais coup à dater du moment où M. Champanelle posa le pied sur l'étrier.

Il prépara son attaque de loin, en profond politique. Il marcha d'abord très-docilement, prenant les allures qu'on lui demandait, charmant, souple et gagnant de toutes manières la confiance de son cavalier. Le docteur, le sentant si soumis, se laissait bercer à ses rêves, et, en passant sous le bois, il ne surveillait plus les rênes.

Auprès du ruisseau, le moment parut favorable à Bijou. Sans avertir par un mouvement d'oreilles, et avec une force de reins remarquable, il franchit le courant d'un bon saccadé et arriva à l'autre bord, à côté d'un saule, dont la branche mère arrêta par le milieu du corps M. Champanelle déjà fort enlevé de sa selle, et le jeta rudement par terre.

Cela fait, il repassa le ruisseau, s'arrêta même un instant pour boire, et revint philosophiquement à la poste, baguenaudant aux herbes et regardant le paysage, en animal qui a la conscience de la bonne action qu'il vient de faire.

Elle était complète. M. Champanelle se cassa le bras en tombant. Il eut un tel hurlement de rage que des bergers crurent qu'il y avait un loup sous le bois, et que l'on fit une battue le lendemain. Ses cris, ainsi attribués à une bête féroce, — et l'on ne se trompait guère, — n'attirèrent personne, et il dut se relever seul et brisé.

Le meilleur parti qu'il eût à prendre était de rentrer chez lui pour faire commencer un pansement.

Il souffrait beaucoup. Il soutenait avec sa main valide son

poignet qui pendait. Il n'était nullement certain qu'une amputation ne fût pas nécessaire. C'était le bras droit. Il se voyait hors d'état de continuer la chirurgie et à moitié ruiné. Il se répétait en blasphémant que Catherine lui échapperait. Misérable, ayant peur, se traînant sous la douleur, poursuivi par les taons qui sentaient le sang, il n'eut pas un instant la pensée que Dieu le punissait et que le repentir pouvait être le commencement du pardon.

Il dépensa quatre heures à faire ces deux kilomètres. Il avait honte de lui-même. Il allongeait encore la route exprès, pour ne pas être vu, et rentrer par les vignes. En passant devant la maison du père Privat, il entendit des gémissements qui y bourdonnaient presque toujours. — Ah! au moins, on souffre aussi là! se dit-il. Ce fut sa seule gaieté.

La servante qui était à son service depuis cinq ans, et qui avait eu ses faveurs intimes, ne le reconnut point. Il se jeta sur son lit et regarda son bras. La fracture était grave, l'os cassé à faux. Et puis, autre malédiction! il fallait envoyer chercher un médecin. Ils le jalousaient tous dans l'arrondissement, et il n'avait aucune confiance en eux. Après des hésitations, il se décida à faire demander quelqu'un à Nantes. C'était plus de vingt-quatre heures de torture ; mais l'opération serait mieux faite.

Il défendit à sa bonne de raconter son accident. Laubépin ne l'apprit, en revenant de Saint-Rémy, que par un cordier qui avait vu passer de loin M. Champanelle derrière une haie. Ce cordier lui devait cent francs pour sa femme morte. Il ne lui porta point secours.

M. Champanelle défendit qu'on apportât de la lumière. Il

avait une glace au mur, à côté de son lit, pour ses lubricités. Il avait peur de se voir. Ce fut, quand il était ainsi dans ces ténèbres et dans ce supplice qu'on lui annonça M. Montbarrey.

— Quelle dérision! dit-il. Est-ce que je puis donner une consultation?

— Il dit qu'il vient de la part de madame Clermont.

M. Champanelle tressaillit.

— Fais entrer! dit-il.

M. Champanelle savait se retourner.

La servante apporta une lumière.

Tiburce, quoiqu'il détestât d'instinct M. Champanelle, eut un mouvement de commisération en le voyant en si piteux état. Un malade médecin attendrit toujours plus qu'un autre.

— Monsieur, lui dit-il, madame Clermont a pris une part bien vive au malheur qui vous est arrivé, et vous savez que cette part est presque personnelle.

M. Champanelle tressaillit de nouveau. Était-ce un rappel du rendez-vous accordé? Il se remit bientôt dans la vérité.

— Ah! dit-il, je me souviens, c'est pour la petite!

— Oui, monsieur. Vous avez dit qu'elle pouvait vivre.

— C'est selon!

— Expliquez-vous?

— C'est selon le prix qu'on y mettra.

Tiburce détourna les yeux avec dégoût.

— Monsieur le duc, dit Champanelle, nous étions convenus de ce prix, madame Clermont et moi! Mais les circonstances l'ont modifié.

— En quel sens?

— Ce sera plus cher.

— Nous ne discuterons rien, monsieur, l'heure presse, Pauline est en danger.

— Et pensez-vous que je sois sur des roses, moi ! Néanmoins, il faut s'entendre. Le remède est là, continua-t-il, tout prêt ; mais il coûtera beaucoup.

— Je vous répète qu'on donnera ce que vous demanderez.

— Dix mille francs ! répondit froidement Champanelle.

Tiburce frémit de colère ; mais il était à la merci du docteur.

— Dix mille francs, soit ! A condition qu'il guérira l'enfant.

— Il la guérira !

Tiburce sortait sans saluer.

— Ce n'est pas tout ! dit M. Champanelle. Les gens de madame Clermont savaient que le cheval qu'ils me donnnaient était vicieux. M. Clermont est responsable. Ce sera encore dix mille francs pour la perte de temps que je vais subir.

Montbarrey eut envie de se jeter sur Champanelle, mais il était blessé.

— Ce n'est pas tout encore !

— Monsieur, vous êtes un escroc ! s'écria Tiburce hors de lui.

— Ah ! c'est ainsi ! reprit Champanelle. Eh bien, écoutez-moi. Il me faut la même somme, pour que je ne dise pas que vous êtes l'amant de madame Clermont, et que vous remplacez son mari en toutes occasions !

— Misérable !

— Je veux gagner votre épithète.

Tiburce lança ses poings en l'air. Mais il fallait rapporter la vie de Pauline.

— Le remède? cria-t-il.

— Un instant. Je ne trouve pas que votre parole soit bonne pour trente mille francs. Je veux un engagement signé.

Tiburce se jeta sur une plume.

— Voici! dit-il. Le remède?

Champanelle sonna.

La servante parut.

— Cherche dans le deuxième tiroir à droite dans la commode, au compartiment B.

— J'y suis! dit-elle.

— Donne à monsieur.

— Ah! Catherine! dit Tiburce tout bas.

— Monsieur le duc, reprit Champanelle, vous remercierez madame Clermont de l'intérêt qu'elle me porte, et lui direz que je vais mieux depuis votre bonne visite.

— Et pour combien de temps êtes-vous écloppé?

— Pour un mois, je le crains.

— Très-bien! Je vous préviens que dans six semaines je vous casserai l'autre bras d'un coup de pistolet.

— Sur quelle grande route, monsieur le duc?

Il était déjà dehors.

Champanelle sonna de nouveau.

— Tu iras demain chez M. le curé, dit-il à la bonne, et tu lui demanderas une messe à cinq francs pour ma prompte guérison.

— Oui, monsieur le docteur. Comme vous êtes pieux!

— Sers-moi à dîner!

— Dans l'état où vous êtes!

— Bah ! je ne me plains pas de ma journée. Entre nous, j'ai attrapé quinze cents francs de rente.

— Ça vous assure du pain pour vos vieux jours !

— Tu es une bonne fille ! Voici vingt sous pour toi. Il faudra qu'un jour ou l'autre Laubépin tombe malade ! dit-il encore tout bas.

Tiburce rentrait à la poste.

— Eh bien ? cria M. Benoît

Tiburce lui remit le flacon.

— Que vous a-t-il demandé ? dit timidement Catherine.

— Rien ! répondit Tiburce.

M. Benoît déboucha le flacon, l'examina à la bougie et le flaira.

— C'est un mystère ! dit-il. Il a ordonné deux gouttes ? ajouta-t-il.

— Oui, reprit Catherine.

M. Benoît se rapprocha du lit. Tiburce l'arrêta et le mena vers la fenêtre.

— Docteur, dit-il tout bas, prenez garde ! Rien ne prouve que le Champanelle n'est pas un empoisonneur.

— Nous n'exposons rien ! répondit-il sur le même ton, elle est perdue.

Catherine n'avait pas vu. Elle regardait Pauline.

Elle était devenue verte ; aucun souffle ne faisait plus monter sa petite poitrine. Catherine prit ses pieds, ils étaient de marbre ; elle embrassa ses lèvres, elles étaient rigides ; elle ouvrit ses yeux, ils n'avaient plus de regards.

— Ah ! cria-t-elle en tombant à genoux, c'est fini !

M. Benoît fit presque un signe d'affirmation.

Catherine le vit ; sa tête se renversa sur le parquet.

Tiburce la porta dans ses bras sur un fauteuil. Il la pressa sur son cœur ; il essaya, dans le délire de son épouvante, de lui donner de son souffle ; il lui disait cent fois par seconde : Vivez !

Elle ne répondait pas : elle restait inerte et perdue.

— Docteur ! s'écria Tiburce, c'est de la mère qu'il faut vous occuper.

Il revint près de la cheminée.

Catherine, du fond de l'évanouissement, soupçonna ce pas qui s'éloignait du lit de Pauline. Elle se redressa d'elle-même.

— Ne la quittez pas ! s'écria-t-elle.

Et elle s'élança vers l'enfant.

M. Benoît prit le flacon, écarta les lèvres de Pauline avec une cuiller et versa une goutte dans le gosier.

Elle ne bougea pas.

Au bout d'une minute, une convulsion la secoua. Le sang remonta à ses joues. Elle remua ses paupières.

— Est-ce la vie ? demanda Catherine.

— Silence ! dit le médecin.

Il laissa tomber une seconde goutte.

L'enfant, se retourna comme si une âme nouvelle était entrée dans son être. Elle joignit les mains et elle dit avec sa chère voix qui n'avait pas parlé depuis le matin :

— Maman ! je suis guérie.

— Dites-vous comme elle ? demanda Tiburce à M. Benoît.

— Je ne me mettrai pas en contradiction avec la nature. Mais j'aurai son secret ! dit-il.

Les joues de Catherine ruisselaient de larmes tombant sur son sourire. Elle en mouilla le front de Pauline qu'elle baisa, elle en mouilla les mains de Tiburce.

— C'est vous qui lui avez rapporté son souffle! lui disait-elle. Et vous, docteur, si vous n'aviez pas été là, je n'aurais pas osé... Mais, reprit-elle, ce n'est pas une fausse joie... vous êtes certain?...

— Qu'elle se lèvera demain ; oui, Catherine.

— Pourtant, vous ne me quitterez pas?

— Je serais inutile. Il n'y a plus rien à faire.

— Je vous en supplie!

— N'insistez pas! Voulez-vous savoir ma vraie raison? Le voisinage de M. Champanelle m'humilie.

— M. Champanelle! reprit Catherine, ne sachant déjà plus si elle devait toujours maudire ce nom.

— Oui, continua le vieux médecin. A quoi me sert d'avoir étudié sagement et d'avoir fait honnêtement mon chemin à travers les boulets et le typhus, et de croire en Dieu, quoique je n'aille guère à la messe? Voilà un gredin, qui est de plus un athée; voilà un insolent qui, j'en suis sûr, a insulté tout à l'heure M. de Montbarrey, et qui aurait sacrifié Pauline aussi gaiement qu'il aurait fait tuer une poule pour son dîner; voilà un collègue qui nous déshonore et qui vient de me prouver que je ne sais rien auprès de lui!

— Docteur, reprit Tiburce, ne supposez pas que M. Champanelle ait osé...

— Vous avez raison de parler ainsi, jeune homme; mais j'ai bien vu à votre air qu'il y aurait un duel entre vous. Eh bien, je vous le demande au nom de la science, renoncez-y! C'est plus qu'un grand homme ce médecin : il vient d'opérer un miracle. J'aurai son dernier mot, je vous le jure, et quand j'aurai publié son système, je me charge, malgré mes soixante-dix ans, de trouer encore sa peau et proprement.

M. de Montbarrey ne répliqua rien. Catherine appela pour demander la carriole de M. Benoît.

Il était dix heures. Étienne rentrait comme il l'avait promis.

— Tiens! le docteur! dit-il. Ah ça! nous avons donc été bien malade ici que nous avons eu besoin de deux fossoyeurs!

Il rit lui-même de cette aimable plaisanterie.

— Clermont, dit Tiburce, Pauline a failli mourir.

— Et à présent?

— Elle vivra.

Étienne s'approcha du lit.

— Elle a une mine superbe! dit-il. Montbarrey, vous êtes un farceur!

Personne ne répondit.

— Comme ça, Coco a été souffrant, reprit Étienne. Ce que c'est que de nous! Pendant ce temps-là, je dînais très-bien aux Deux-Alouettes et Blanchemin a été charmant.

XI

Huit jours après, Pauline avait repris les roses de ses joues et allait les montrer à celles du jardin.

Il faisait un temps superbe. Laubépin sut courageusement éviter de se rencontrer avec Catherine. Il ne voulait et ne pouvait pas lui dire pourquoi il avait empêché M. Champanelle de venir. On n'a pas oublié qu'il s'était caché dans la pièce voisine lors de la première visite ; là, il avait entendu un peu, deviné beaucoup, et frémi jusqu'à la malédiction. Mais un éclat n'eût amené que le scandale ; il avait mieux réussi à protéger Catherine par la ruse, et l'événement lui donnait raison. Il l'aimait, et seulement pour la servir. Si l'heure de la vengeance arrivait jamais, il ne faillirait pas à son devoir. Heureux à sa manière par la paix revenue, il était gai, et chantait dans la cour, en taillant ses figurines de bois, au moment où ce récit reprend.

Une berline entrait pour relayer ; elle était attelée de trois chevaux. La voiture ne contenait qu'une dame et un grand valet de pied, assis sur le siége de derrière.

La dame descendit et fit quelques pas. Elle paraissait avoir vingt-cinq ans, et était jolie. Au plaid qui l'enveloppait, on reconnaissait une Anglaise. Elle regarda dans la cour. Clermont surveillait des ouvriers, Catherine passait avec sa fille, Laubépin travaillait. Elle ne regarda que Laubépin.

Ce n'était pas à Laubépin de partir ; il n'abandonna point ses figurines. Il avait sa veste de postillon.

On amena les chevaux. Quand le porteur fut mis à côté du maillet, celui-ci hennit, chercha à mordre et rua vigoureusement. L'Anglaise s'effraya.

— Faites venir le maître de poste, dit-elle avec un peu d'accent très-doux.

Étienne arriva.

8*

— Monsieur, continua-t-elle, vous me donnez un cheval rétif; je ne partirai pas ainsi.

— Milady, répondit Étienne, qui se piquait de savoir-vivre, je réponds de tout.

— Je payerai cet attelage comme s'il avait fait la course; amenez-moi d'autres chevaux.

— Mais cela vous fera perdre du temps; il faudra que l'autre postillon s'habille : mes gens ne sortent jamais qu'en tenue.

— Ce jeune homme, dit-elle timidement, en montrant Laubépin, ne pourrait-il pas?...

— Allons, Laubépin, à cheval, mon garçon! on veut de toi, reprit Étienne.

Laubépin était ennuyé de quitter sa sculpture.

— Ce n'est cependant pas mon tour.

— Bah! répondit Étienne tout bas, tu n'es déjà pas si à plaindre! Je crois qu'elle est amoureuse de toi : elle ne t'a pas quitté des yeux, et elle a un très-joli *physique*.

Laubépin n'écouta seulement pas, et alla chercher ses chevaux.

— Monsieur, dit la voyageuse à Clermont, combien faut-il de temps pour aller au prochain relais?

— Vous marchez sur Nantes; c'est à Saint-Rémy; vous y serez dans une heure.

— Obtenez de votre postillon qu'il mette le double.

— Mais madame...

— Je payerai.

C'était sa réponse habituelle.

— Milady doit être rejointe en route? Si elle voulait me faire l'honneur d'attendre ici...

— Vous êtes aubergiste, monsieur?

— Non, reprit Étienne piqué. Et au fait, pourquoi cette supposition?

— Parce que vous me paraissez très-curieux, monsieur.

Elle prononça ces mots de manière à prouver qu'elle connaissait les nuances de la langue française.

Laubépin revint; il montait Bijou.

On attela promptement.

— Va comme un fiacre : toujours au pas, dit Étienne; madame le demande ainsi.

La jeune dame était montée en voiture.

Elle fit signe à Étienne de venir.

— Monsieur, lui dit-elle, vous oublierez notre conversation. Je payerai.

Étienne allait répondre quelque chose de blessant, mais la berline partait.

Laubépin n'aimait pas qu'on lui indiquât son allure. Il mena ses chevaux ventre à terre.

On était au mois de juin : le ciel était chaud. La dame ouvrit les glaces de devant.

Il n'y avait point de siége, mais des caisses arrangées de façon à ne point masquer la vue.

— Monsieur, vous allez trop vite.

Laubépin se retourna :

— Je ne m'appelle pas monsieur, je m'appelle postillon, dit-il.

— J'aime à causer en route ; causons, reprit-elle.

— Je ne parle pas à des inconnus, répondit Laubépin, que tout ce manége ennuyait.

— C'est vrai ; vous ne savez pas mon nom. Je suis mistress Harrey Below de Devonshire. Et vous ?

— Je suis le numéro 9.

— Qu'est-ce que cela veut dire ?

— On me désignait ainsi à l'hospice des Enfants-Trouvés.

Mistress Below considéra encore Laubépin avec plus d'attention.

— Vous êtes un enfant trouvé ? dit-elle d'un ton d'intérêt. Racontez-moi votre histoire.

— Si vous connaissiez mieux nos institutions, vous sauriez, madame, répondit-il, que je ne peux pas avoir d'histoire, et qu'elle laissera moins de trace que ces pas que font mes chevaux sur la route. Enfant trouvé ! cela veut dire qu'aucune affection n'est née avec moi, et ne m'a suivi ! que ma mère a été malheureuse, qu'elle ne me voit que dans ses rêves, si elle vit encore, et qu'enfin, je suis seul ! tout seul !

Mistress Harrey l'écoutait, les yeux pleins de sympathie. Mais cette sympathie n'avait aucune nuance de provocation. Néanmoins, Laubépin ne lui savait aucun gré de cette urbanité que rien ne motivait. Il avait résolu de ne penser qu'à Catherine durant tout le relais. Il lui était même venu l'idée d'une chanson. Cette conversation le fatiguait.

— Prenez garde, continua mistress Harrey, je comprends assez votre langue pour apprécier que vous la parlez comme peu de personnes de votre classe.

— J'ai lu, madame, et beaucoup de romans, dans lesquels j'ai appris que les Anglaises sont insupportables en voyage.

Mistress Harrey semblait déterminée à ne s'apercevoir d'aucune de ses rebuffades. Elle allait répondre quelque phrase engageante.

Laubépin prévit cette reprise, et fit passer la berline sur une longue traînée de pierres qui tenait le milieu de la route. Les roues s'y enfonçaient avec bruit, et auraient emporté toute parole. Néanmoins, Laubépin maintenait son attelage au grand trot. Bijou, sur le revers de la chaussée, prit le petit galop. C'est ce que Laubépin voulait. Les strophes se roulèrent dans ce moule, et, persuadé qu'on ne l'entendait pas dans la voiture, il chanta les vers suivants ;

>Cours, mon bon porteur, sur la grande route ;
>Comme un arc tendu raidis les longs traits ;
>Fais sauter en moi mon cœur en déroute ;
>Tu n'en feras point sortir les regrets !

>Hélas ! autrefois, menant la berline,
>Dans l'hôtellerie au joyeux couvert,
>Je ne savais pas si Rose ou Zerline
>M'avaient regardé sous leur voile vert.

>Je causais avec le casseur de pierre,
>Un vieux enrhumé qui fait peur aux loups
>Ah ! que ne peut-il, au bord de l'ornière,
>Marteler mes os, et non les cailloux !

>Je me sentais fier de mon équipage
>Comme un colonel de ses escadrons !
>Et mon fouet faisant un brillant tapage,
>Ne tombait jamais sur mes percherons.

>Voilà qu'à présent le souci me froisse.
>Je ne lève plus mon chapeau ciré,
>Lorsque l'Angélus sonne à la paroisse,
>Et du bien au mal mon âme a viré !

Mistress Harrey s'était avancée : elle n'avait rien perdu de ces rimes. Elle eut une larme sur sa joue, et elle se décidait de plus en plus à passer par l'importunité pour arriver à la confidence.

Nous ne voudrions pas qu'on la prît en grippe. Elle avait des cheveux chatains relevés en bandeaux, et qui laissaient échapper une boucle sous chacune de ses oreilles ; ses yeux étaient bleus comme les eaux d'un lac des Wales ; sa bouche purpurine était peut-être trop purement dessinée pour être parfaitement expressive ; sa taille, très-jeune, se maintenait dans un peu de raideur, mais il n'aurait pas fallu qu'elle se balançât longtemps dans l'air de la France, pour trouver toute sa souplesse. Il y avait sur toute sa personne comme l'empreinte d'une bienveillance spontanée et non banale. Quand elle fixait ses yeux sur Laubépin, cette bienveillance était plus tendre encore que celle de l'amour.

Quelque envie qu'eût le jeune homme de ne pas renouer l'entretien, la voiture était en bas de la longue montée qui va à Saint-Rémy, et il était impossible de continuer le trot. Il mit pied à terre et marcha autour de ses chevaux, faisant plus de bruit avec son fouet que de mal à ses bêtes.

Mistress Harrey ne commanda pas d'arrêter. Elle ouvrit la portière, sauta légèrement, et sans que Laubépin devinât comment elle était descendue, elle vint à côté de lui.

— Harry, dit-elle en anglais au domestique, venez vous occuper des chevaux.

— Je ne les confie à personne, dit Laubépin.

— Allons ! ne soyez donc pas si brutal ! reprit-elle doucement, cela ne doit pas être dans votre caractère. Quant à faire attention à vos animaux, Harry a conduit des éléphants dans l'Inde : c'est vous dire qu'il est très-prudent.

— Enfin, madame, que me voulez-vous? dit Laubépin.

— Je veux tâcher que vous vous souveniez de moi ! répondit-elle avec un air de franchise si douce, que malgré ses préventions, il se sentit un peu adouci.

— Tenez, madame, j'ai mené bien des voyageuses sur cette route, jamais je n'en ai conduit une comme vous. Vous poussez jusqu'au sublime la passion des renseignements. Écoutez-moi donc : cette maison qui est au fond de cette luzerne est à Bigaud : elle lui est venue par Dorothée Bernard, sa première femme, qui est morte. Ce champ de blé est aux Martin, mais il donne lieu à un procès : l'an passé, il était en colzas. Cela vous intéresse-t-il, madame ?

— Beaucoup ! parce que tout ce paysage a enfermé votre vie jusqu'à présent.

— Jusqu'à présent ! répondit-il vivement. Je n'ai aucunement l'intention de quitter les Orbes.

— Dieu le sait ! dit mistress Harrey.

Elle lui prit le bras.

Laubépin fut stupéfait. Il crut alors à une bonne fortune étrange. Mais il avait tellement dans son souvenir l'image de Catherine, qu'aucune femme ne lui paraissait agréable après elle, et qu'il ne s'était même pas aperçu que mistress Below était jeune. Il n'aimait pas qu'on lui fît violence, et retira son bras. Mistress Below le retint si doucement, qu'il n'osa point prolonger la lutte.

Laubépin, malgré son costume, ne faisait pas disparate à côté de l'élégante Harrey. Il prenait soin de sa personne. Ses cheveux se massaient bien sous son chapeau ciré; sa figure, comme nous l'avons dit, était très-fine et très-captivante; ses mains, brûlées par le soleil, se lavaient plusieurs fois par jour dans l'auge de la cour. Il avait un grand air.

— Madame, reprit-il, toujours en lui donnant le bras, et après être un peu revenu de sa surprise, c'est une gageure que vous essayez de gagner, n'est-ce pas?

— Parce que je vous ai pris le bras? dit-elle en riant. Je tiens à marcher, et il y a des cailloux sur la route qui me briseraient les pieds, si je ne m'appuyais pas quelque part. Voilà l'explication.

— Il n'en n'est pas moins vrai que cette conduite peut paraître singulière même à votre laquais.

— Lui! il a vu assez de pays et assez d'usages pour ne point s'étonner de grand'chose!

— Alors, madame, je ne dois me féliciter aucunement de la faveur que vous avez eu l'air de me faire.

— Aucunement! dit-elle avec malice.

— Si on avait inventé un meuble pour donner le bras, vous l'auriez dans votre voiture, et vous vous en serviriez à toutes les côtes?

— Sans doute!

— Et vous n'avez pas réfléchi que vous étiez peut-être imprudente?

— Mon Dieu, non! dit-elle gentiment.

— Vous ne devez plus jamais revoir le postillon qui vous amène à Saint-Rémy. Il faut bien que je remarque, malgré ma cécité habituelle, que vous êtes jolie. Supposons qu'au lieu de moi, qui ai le cœur tout à fait pris depuis longtemps, il se fût trouvé un autre camarade, libre...

— Ah! interrompit-elle un peu tristement, vous êtes amoureux comme cela? Eh bien, cela n'empêchera rien! eut-elle l'air de se dire en elle-même, en secouant gracieusement sa tête. Puis elle reprit tout haut :

— Et vous aime-t-on, au moins?

— Non! répondit avec fermeté Laubépin, qui ne demandait pas mieux pourtant que de parler de son amour à mots couverts.

— Cela viendra! dit la jeune femme.

— Jamais! ce serait un malheur si cela venait.

— En sorte qu'un mariage est impossible? demanda-t-elle, avec le sein un peu agité.

— Elle est mariée.

La figure de la jeune femme eut une expression de reproche.

— C'est mal, reprit mistress Nancy Harrey : troubler une union qui a été faite devant Dieu! donner tout son cœur à l'irréalisable!

— Oui, madame, c'est mal, mais c'est involontaire! Et puis, je ne pense pas avoir montré d'autres preuves de mon amour que des sacrifices. Dieu ne peut point m'en vouloir.

— Et cette chimère ou cette faute vous retiendra toujours aux Orbes?

— Je leur ai donné ma vie à cause d'elle.

— Rien ne pourra vous en détacher?

— Rien!

— Nous verrons! se dit Nancy à elle-même.

— Mais nous avons là une conversation bien peu amusante pour vous, madame! D'ailleurs, nous voici au haut de la montée.

— J'ai réfléchi, dit elle. Y a-t-il un bon hôtel dans votre village?

— Il y a les Deux-Alouettes.

— Ramenez-moi aux Orbes, alors!

— Mais, madame...

— Je paye... Elle allait dire ce mot qui lui avait tant servi dans ses voyages, le premier qu'elle eût d'abord appris en France. Mais elle se retint, comme s'en voulant à elle-même.

— Allons vite, maintenant! dit-elle en remontant en voiture.

Le valet cria du haut de son siége :

— Doubles guides!

Laubépin remonta à cheval.

De son côté aussi il avait fait ses réflexions.

Pourquoi cette dame s'était-elle mêlée ainsi à ses affaires? dans quel but lui avait-elle arraché son secret? Si elle revenait aux Orbes, ne devinerait-elle pas très-vite quelle personne était cachée dans ce sous-entendu? Puis ne chercherait-elle point encore à revenir aux confidences avec lui, en le détournant peut-être de ce qu'il voulait faire? Tout cet intérêt pouvait, au contraire, n'être qu'une fantaisie de voyage, qui serait passée à l'autre relais.

Laubépin songeait à tout cela; néanmoins, il était serviteur à gages, il devait obéir. Il poussa ses chevaux à droite pour les faire tourner.

Mais Bijou était de moitié dans les préventions de son

maître ! Son idée, à lui non plus, ne paraissait pas être de revenir aux Orbes. Quand il fut question de tourner, il se cabra, rua, monta sur le timonier. Mistress Below eut peur, et non pas pour elle.

— Cédez-lui ! s'écria-t-elle.

La berline descendit sur Saint-Rémy si vite qu'elle faisait des lacets sur la route.

Nancy n'insista pas sur son projet ; elle laissa relayer. Elle ne mit point pied à terre ; mais, du fond de sa voiture, elle suivit des yeux Laubépin, en disant de temps en temps :

— Poor child !

Laubépin ramena ses chevaux aux Orbes.

Sur la route, le dernier couplet de sa chanson lui était venu, et, en entrant dans la cour de la poste, il chantait ainsi :

>   Je n'ai plus de goût au plaisir honnête,
>   Et ma mèche ardente aux vifs tourbillons
>   Ne fait plus le bruit d'une castagnette
>   Auprès des hautbois et des violons.
>
>   Je bats mes chevaux à coups d'étrivières,
>   Je ne calme plus leurs flancs échauffés,
>   Et moi qui n'aimais que l'eau des rivières,
>   Je fainéantise à tous les cafés.
>
>   C'est que deux yeux clairs que de loin j'adore
>   M'ont fait voir leur ciel dont je me souviens ;
>   Mais ces yeux pour moi n'ont jamais d'aurore,
>   Et s'ils en avaient j'éteindrais les miens !

XII

Deux heures avant le retour de Laubépin, Catherine mettait son châle et se rendait chez M. Mortagne.

La pauvre enfant avait senti avec terreur, depuis quelques jours, que toute la joie qui était dans son âme ne venait pas de la guérison de Pauline. Sans doute, quand la chère petite avait refait ses premiers pas dans la chambre, quand elle avait mangé, et enfin, lorsqu'elle s'était élancée sur le gazon, grandie, embellie, fortifiée par la maladie, toutes les fibres de son cœur maternel avaient tressailli de reconnaissance, et il lui avait semblé qu'elle était remplie d'une joie, chose si inconnue jusqu'alors; mais Tiburce dut revenir plusieurs fois pour prendre sa part de son bonheur. Elle ne pouvait plus limiter les visites de la cordialité, et ces entrevues multipliées mettaient en elle des émotions enflammées qui la troublaient pour toutes les heures de la séparation. Était-il là, elle avait la mesure comble de la félicité humaine. Elle vivait plus; l'air était meilleur à respirer, le soleil plus chaud, l'ombre plus douce. Elle ne demandait rien à ses rêves que la continuation de sa présence; les idées nageaient librement dans sa tête; les paroles arrivaient mieux. Il la complétait pour elle-même; elle se trouvait disposée davantage au bien; elle sentait sa jeunesse; elle remerciait sa beauté. Était-il parti, ou manquait-il à un de ces rendez-vous tacites qu'ils se donnaient? elle se trouvait encore plus vide que la maison; un brouillard de glace l'enveloppait en pleine clarté; elle laissait les pauvres attendre à la porte; elle ne riait pas aux paroles de Pauline; son mari devenait vulgaire et odieux; le devoir, qu'elle avait béni l'instant d'auparavant, la meurtrissait comme une chaîne d'esclavage; elle ne savait plus rien, et ses doigts ne trouvaient pas un accord sur le clavier de son piano; elle maltraitait ses fleurs; elle ne songeait plus à Dieu, mais à Tiburce, sans cesse évoqué par les soulèvements de sa poitrine, par les appels mystérieux de sa voix qui ne le nommait pas, par des regards perdus qui le cherchaient partout. Catherine ne fut pas longtemps à reconnaître son mal, et lorsqu'elle l'eut reconnu, comme elle était inflexible avec son honneur et impitoyable envers sa peine, elle chercha le remède.

Il n'y en avait qu'un : le départ.

Si elle restait sur cette rive embaumée et terrible de l'amour, elle y glisserait jusqu'au fond d'une tombe, et cette mort ainsi prévue et acceptée, lui aurait paru un suicide.

Elle avait remué et creusé son problème. Comment partir, avec Étienne, avec sa fille, avec toutes ces existences qu'elle détruisait? Comment ne rien laisser soupçonner de ce qui la faisait fuir? Comment n'être pas cruelle pour les autres, en restant si sévère pour soi?

A force d'interroger toutes les combinaisons, une seule lui parut possible. Après l'avoir envisagée sous tous les aspects, elle allait chez M. Mortagne.

Il avait été l'ami de son père; il lui gardait une protection fidèle. Il voyait bien qu'il n'avait pas fait un chef-d'œuvre avec ce mariage; il se maudissait pour avoir choisi Clermont.

M. Mortagne ne recevait que très-rarement ses visites : quand elle venait, c'était chez sa femme. Le notaire et le maître de poste se donnaient à dîner une fois par an, à Noël.

M. Mortagne fit entrer Catherine dans son étude.

Elle lui expliqua que, malgré son bon voisinage, elle avait pris le pays en horreur; que sa fille y était tombée malade subitement, et qu'elle venait, à l'insu de son mari, lui demander s'il ne connaîtrait pas un acquéreur pour la poste et tous leurs biens.

M. Mortagne pensa que la jeune Adèle était dans ce sous-entendu. Il ne connaissait personne qui eût envie de la poste, mais il trouvait là un moyen de réparation pour un malheur causé par lui; il ne se demanda pas si un sacrifice ne lui serait pas très-onéreux, il répondit à Catherine que lui-même avait une proposition à faire.

— La chose sera d'autant plus difficile, dit-elle, que cette expatriation déplaira à Étienne, et qu'il ne sera séduit que par un prix élevé.

— Nous lui offrirons un quart en sus de la valeur, répondit-il; et n'ayez pas de scrupules : l'affaire est aussi une convenance pour celui auquel j'ai pensé.

— Et vous le nommez?

— C'est mon fils. Il a bientôt vingt-deux ans; il ne se sent aucune vocation pour le notariat, et je ne pourrais pas mieux l'établir. Vous direz à M. Clermont que je lui offre cinquante mille francs de plus que l'estimation faite lors de votre mariage.

Elle eut dès lors un pressentiment que M. Mortagne se reprochait quelque chose. Sa généreuse bonté ne voulut rien devoir à l'affection de M. Mortagne : elle faillit tout dire.

— Il y a des Adèle Magny partout, reprit-elle ; ce n'est point parce que je crains pour Étienne que je pense à quitter les Orbes. C'est plutôt ma faute si je n'ai point su le fixer...

— Voulez-vous bien vous taire ! dit-il. On lui a donné un ange, et il n'aime que les diablesses !

— Je ne puis pas supporter que par amitié pour nous vous vous lanciez dans une entreprise téméraire...

— Ma chère petite amie, répondit M. Mortagne, je n'avais pas un sou quand j'ai acheté cette étude ; maintenant, je ne donnerais pas ce que j'ai pour trois cent mille francs. Eh bien ! l'affaire dont vous me parlez sera la meilleure que j'aurai faite. Mais il faudra trouver des arguments bien forts pour décider M. Étienne. Et il lui énuméra tout ce qu'on pouvait dire contre la poste.

— Je vois bien que vous ne l'achetez que pour m'obliger, dit-elle toute désolée.

— Les notaires sont un peu avocats. Voulez-vous que je vous prouve que le marché est d'or pour mon fils ? Et il rassura la conscience de Catherine par tant de bonnes raisons qu'il la laissa très-indécise sur la vérité.

Elle sortit.

La chose allait probablement s'accomplir. Quelques semaines encore, et elle ne verrait plus Tiburce. Avait-elle le droit de lui plonger cette affliction dans le cœur ? Et contre elle-même, pourquoi être si cruelle ? Faisaient-ils donc tant de mal à eux deux, en marchant ainsi sous des rayons qu'eux seuls voyaient? Par quelle impiété allait-elle anéantir ce qui était si doux? Elle en était là de ses scrupules, quand elle aperçut de loin Tiburce. Lui, avec sa vue basse, ne devait point la voir. Il n'est ici que pour moi, pensa-t-elle. Je l'aurai donc pris au piége d'une protection que j'allais mépriser! Quoi! il passera encore dans les rues de ce village, et ce ne sera plus pour moi? Il regardera ma maison, que j'aurai barbarement quittée, et s'il pense encore à Catherine, ce sera pour la maudire de n'avoir pas eu pitié de lui, de l'avoir presque raillé? Et elle se jeta dans une cour déserte pour qu'il ne la vît pas, pour pleurer à son aise, et pour demander à Dieu du courage.

Il fallait mettre l'irrévocable entre Tiburce et elle. Elle le mit.

Il s'était éloigné. Il allait, suivant ses ordres, faire sa visite quotidienne au père Privat.

Elle passait devant le café de l'Ordre. Étienne y était. Elle lui fit signe de la porte avec son ombrelle. Il vint, mais de mauvaise grâce.

— Que me veux-tu? dit-il. Le feu est-il à la maison, que tu me relances jusqu'ici? J'étais à mes affaires ; de quel droit les déranges-tu?

Les dispositions n'étaient pas bonnes.

— Étienne, dit-elle, veux-tu ajouter cinquante mille francs à ta fortune?

— Est-ce que tu te mêles de commerce aussi, toi? Qu'entends-tu par cinquante mille francs à gagner?

— Rentre à la maison; nous allons en parler.

Il la suivit, son intérêt et sa curiosité étant également éveillés. Ils entrèrent dans la salle.

Jeannette était dans le corridor.

— Monsieur, dit-elle, M. le duc est venu.

Catherine trembla. Si elle était restée, pourtant, rien n'aurait été fait peut-être.

— Sais-tu ce qu'il voulait? demanda Étienne.

— Pas grand'chose. Il a causé avec Laubépin; il a pris une rose dans le parterre; il avait l'air bien content. Il m'a dit qu'il était très-heureux d'avoir acheté son château, et qu'il remerciait bien monsieur.

— Pauvre Tiburce! pensa Catherine.

— Voyons! tes cinquante mille francs? dit Étienne, lorsque Jeannette eut fermé la porte.

Elle reprit son courage, et jeta précipitamment ses premières paroles, comme pour être engagée malgré elle.

— Sais-tu l'âge du fils de M. Mortagne? demanda-t-elle.

— Ma foi non! mais qu'est-ce que ça me fait?

— Il a vingt-deux ans.

— Lui! moi qui l'ai vu teter, que je fumais déjà un cigare! Nous ne devenons pas jeunes, sais tu, Catherine?

— Son père veut le marier.

— Avec Pauline? demanda Étienne.

— Ne plaisante pas, mon ami. Tu vas voir! Pour le marier, il faut d'abord le mettre à la tête de quelque chose, et M. Mortagne a pensé... à la poste aux chevaux.

— De quel endroit?

— D'ici.

—Tu veux rire, n'est-ce pas?

— Et à tes domaines.

Étienne était devenu pourpre. Il se leva, prit sa chaise et la broya sur le carreau, et il allait chercher au râtelier sa plus belle pipe pour lui réserver le même sort ; mais il se repentit de ce mouvement et aima mieux taper à poings fermés sur le piano ouvert. Puis il revint vers sa femme :

— Ah ! c'est ainsi ! dit-il. On dépèce mon bien sans me consulter ! On me croit ruiné probablement ! Et là ! tout ce que j'ai au soleil ! On proposera bientôt aussi mes chemises, sans doute ! Ah ça ! mais, où as-tu l'esprit, de te charger de pareilles provocations ?

— Tu n'as pas compris, répondit Catherine, que M. Mortagne t'offre cinquante mille francs au-dessus de l'estimation.

— Qu'on ne m'en parle plus ! répéta-t-il en se dirigeant vers la porte.

Catherine avait le droit de se taire. Après cet effort tenté, sa conscience était satisfaite ; mais il lui fallait plus qu'une satisfaction momentanée. Elle ne lésinait pas avec la douleur qu'elle se préparait. Elle prit la main d'Étienne.

— Calme-toi, lui dit-elle en le ramenant. J'ai pensé bien sérieusement à notre fortune. T'appartient-il de diminuer de gaieté de cœur la part que nous laisserons à Pauline ! nous serions téméraires en restant ici.

— Vraiment ! répondit-il avec un rire de pitié. Téméraires de toucher plus de quinze pour cent de notre capital ? Fais tes confitures, Catherine, et respecte mon administration.

— Tu ne vois point au delà du présent reprit-elle. N'as-tu pas remarqué ces messieurs qui viennent depuis quelque temps sur les routes? Ne t'es-tu pas aperçu qu'on plantait des jalons et qu'on sondait les montagnes? Dans cinq ans, il y aura un chemin de fer de Paris à Nantes, et la poste aux chevaux ne rapportera pas de quoi entretenir un âne.

Étienne fut frappé de cette observation.

— Et si nous vendions la poste, pourquoi ne garderions-nous pas le domaine?

— Parce qu'on n'achèterait pas l'un sans l'autre.

— Et quand nous aurions tout vendu, où irions nous?

— A Paris, et nous serions deux fois plus riches!

Tout cela était évident; mais Étienne, qui ne voulait à aucun prix quitter les Orbes, fut d'autant plus irrité que cette évidence lui donnait tort.

— Mon père m'a laissé cette terre, dit-il, et j'y mourrai.

— Tu y mourras pauvre : Pauline sera obligée de la vendre pour payer tes dettes.

— Et après tout, dit-il plus impatiemment, elle fera à sa guise, quand nous serons tous les deux dans le cimetière des Orbes; car c'est là que tu seras enterrée, ma belle, et le Père-Lachaise ne verra pas nos os! Je ne te conseille pas de reprendre jamais cette gamme-là.

Il remettait son chapeau. Catherine, qui n'avait jusqu'alors que répété les arguments de M. Mortagne, en trouva d'autres dans ses craintes.

— Ne t'en va pas avant que je ne t'aie tout dit, reprit-elle. Tu es généreux, tu m'approuveras. Laissons les affaires de côté quoique je sois bien sûre d'être dans le vrai. Depuis quelques semaines un mauvais vent souffle sur nous, Étienne, la paix du ménage est menacée; pour toi-même, pour ta femme, pour ta fille, promets-moi que nous ne resterons pas ici?

— Voilà donc où tu voulais en venir! répondit Étienne qui ne se contenait plus. Tu m'as entortillé de toutes tes phrases pour me lâcher un reproche dans les jambes. Mais de quoi te plains-tu? Je t'ai donné un enfant ! je ne te refuse rien sur la toilette; j'ai fait badigeonner la maison. Tu n'as point dû espérer épouser un saint, en prenant un ancien lieutenant de chasseurs d'Afrique. Je fais comme les autres, et je n'expose que mon argent de poche. Après tout, je suis le maître !

Catherine hésitait. Mais la courageuse femme n'acceptait pas les atermoiements. Elle voulut ne plus pouvoir reculer.

— Ce n'est pas pour toi que j'ai peur, dit-elle, mais pour moi !

Il pâlit; mais s'en étant aperçu, il se caressa la moustache.

— On te ferait la cour? demanda-t-il.

— Non ! mais en me voyant toujours seule on pourrait me plaindre.

— Qui oserait te plaindre? s'écria-t-il. Dis-moi le nom sans baragouiner?

Elle se maudissait déjà pour avoir employé cette suprême raison.

— Il dépend de toi qu'on ne me plaigne plus ! dit-elle. Mais, crois-moi, il vaut mieux que nous n'attendions pas le malheur qui est ici.

— Préfères-tu que je devine? demanda Étienne auquel la colère donnait presque de l'énergie.

Ce fut à ce moment que Laubépin passait sur la route avec ses chevaux et sa chanson.

Étienne entendit le couplet; il y vit un sens clair. Il ne serait pas obligé de se battre avec un soupirant de cette sorte, et au fond, il aimait mieux cela.

Il avait déjà remarqué une intimité étrange entre Laubépin et Catherine. Ce Laubépin était peut-être un grand seigneur; qui aurait osé affirmer que non? Son histoire était de celles qui intéressent les femmes. Et puis, ces vers qu'il faisait, ces figures en bois qu'il taillait! Toutes ces remarques antérieures lui revinrent à la fois. Il s'élança, fermant violemment la porte sur Catherine.

Il y avait dans la cour quelques postillons et deux palefreniers.

Laubépin ramenait gaiement ses chevaux à l'écurie. Clermont courut vers lui.

— Descends de cheval, plus vite que cela! cria-t-il avec un geste menaçant; tu n'y remonteras pas de sitôt. Je te chasse!

Laubépin sentit la rougeur de l'affront lui monter au visage. Il avait son fouet à la main, mais celui qui l'insultait était le mari de Catherine. Il se contint.

— Monsieur Clermont, dit-il, on doit l'explication d'un mot pareil, même à un inférieur.

— Je n'expliquerai rien. Tu malmènes mes chevaux, tu t'occupes de ce qui ne te concerne pas, tu fais des chansons!

Laubépin comprit que Catherine pouvait être dans ces allusions; il eut dès lors une tristesse presque joyeuse. Souffrir pour être soupçonné de l'aimer, c'était encore un de ses bonheurs.

— Ainsi, monsieur, vous n'avez rien à reprendre à ma probité?

— Rien.

— Vous me renvoyez parce que je ne vous plais pas?

— Oui! Mais ne moisis pas en place.

Les gens dans la cour étaient émus de l'attitude et de la noblesse de Laubépin.

— Joseph, dit-il à l'un d'eux, tu voudras bien me rapporter ma malle?

— Oui, mon garçon, et tes jolis morceaux de bois aussi.

Laubépin regarda encore la maison, puis il embrassa Bijou, et, au lieu de saluer M. Clermont, il enfonça davantage son chapeau sur sa tête, pour qu'on ne vît pas que ses yeux étaient mouillés de larmes, et sortit.

Catherine avait entendu par la fenêtre.

Hélas! ses forces étaient épuisées. Pour la première fois de la journée, elle fit un pacte avec le danger. Elle se disait bien qu'Étienne était odieusement injuste, mais elle n'osa pas défendre Laubépin, ce qui aurait été livrer Tiburce.

Il commençait à se faire tard; Étienne n'avait pas encore vu Adèle, il alla chez elle.

XIII

Clermont, en sortant, se croisa avec la diligence Laffitte, qui entrait pour relayer. Le conducteur lui dit qu'il avait un ballot à son adresse. Étienne rougit terriblement, et le fit déposer à son bureau, près des remises.

— Cela vient de Nantes, dit en riant le conducteur, et ce n'est pas pour vos chevaux. Il y a plus d'un picotin là-dedans, et je ne plains pas la bouche qui va y mordre.

Étienne paya largement la commission et l'allusion, et défit lui-même le ballot. Il en retira un châle d'un mauvais goût, assez riche; un écrin à bracelets et plusieurs objets de parfumerie. Il mit le tout dans son paletot et reprit le chemin de la maison de sa maîtresse.

Il savait qu'il allait être bien reçu, mais sa mauvaise humeur ne pardonnait pas à Catherine de pénétrer si avant dans ses habitudes, et surtout de lui avoir prouvé qu'en ne quittant pas les Orbes il faisait une mauvaise affaire.

Adèle était dans sa chambre du haut. Il connaissait maintenant les petites entrées; il traversa les vignes, sauta dans l'ancien cimetière, et monta.

— Il y a une heure que j'attends après vous, dit-elle; ce n'est pas gentil de me faire perdre mon temps, et vous n'ignorez pas que l'ouvrage me presse.

— Ah! ah! dit-il; moi aussi j'ai eu de la besogne, et de la rude! D'ailleurs je guettais la diligence, qui m'apportait des brinborions que je vais te montrer.

Il déplia le châle, mit le bracelet sur la table et ouvrit les flacons.

— C'est pour votre épouse, tout ça?

— C'est pour une personne qui m'est plus chère que mes yeux, répondit-il en plaçant le châle sur les épaules d'Adèle.

Le châle était un cachemire français. Les yeux d'Adèle s'allumèrent, mais sa prudence ne l'abandonna pas. Elle secoua les épaules, jeta son cachemire par terre, marcha dessus, et répondit avec indignation :

— Vous m'aviez promis que vous ne me payeriez jamais, monsieur ! et je vaux plus que cela. Je ne pourrai donc pas me faire connaître, même de l'homme auquel j'ai tout dit !

Elle prit le bracelet, le lança par la fenêtre, dans un coin qu'elle remarqua sans doute, et cassa les flacons sur le carreau, de sorte que sa chambre fut parfumée.

Étienne était flatté, mais il regrettait la marchandise. Il ne réussissait à rien : ce jour-là comptait décidément parmi ses plus mauvais.

— Il n'y avait pas d'offense, Adèle ! Tu aurais pu accepter des souvenirs de cœur. Je sais que tu ne m'aimes que pour moi !

— Vous ne le saurez jamais assez, dit-elle, en faisant trembloter sa voix, comme si elle retenait des larmes. Votre figure est toute malade aujourd'hui ; on vous a fait des ennuis ; comptez-les-moi.

— C'est vrai ! j'ai ramassé du mauvais sang ce soir pour le reste de ma vie. Croirais-tu qu'on veut me faire quitter les Orbes, et qu'on prétend que je compromets ma fortune en y demeurant?

— Qui prétend cela?

— Catherine.

Il lui raconta ensuite que M. Jules Mortagne avait envie de la poste.

— Jules ! Il ne me l'a pas dit, fit-elle.

— Tu le connais ?

— Je le vois passer dans la rue ; c'est un enfant.

— Catherine a de la rancune contre notre amour. Elle n'est pas raisonnable. Si tu n'étais pas ma maîtresse, ce serait une autre ; tu ne me coûtes rien, et tu me rends heureux.

— Oh oui ! n'est-ce pas ? répondit-elle en levant les yeux vers le ciel.

— Ensuite je ne puis point en vouloir à ma femme : elle est honnête. J'ai entrevu que si elle prétendait m'éloigner d'ici, c'est que quelqu'un a envie de la chauffer.

— Qui ça peut-il être ?

— Cet imbécile de Laubépin, que je viens de mettre à la porte.

Adèle n'avait rien dit d'abord ; mais elle ne pardonnait pas à madame Clermont de vouloir nuire au commerce qu'elle pensait faire avec Étienne. Étienne était faible ; il avait des vignes qui feraient un joli clos à Adèle, lorsqu'elle serait vieille, et qu'il lui serait doux de venir manger des grappes au soleil et de faire servir du bon vin sur sa table. Il possédait de grands prés, au milieu desquels elle tracerait aisément un jardin anglais, quand elle songerait à se bâtir une maison et à vivre de ses rentes. Et Catherine se mettrait en travers de cette pastorale ! elle prétendrait lui enlever un homme riche, auquel elle avait à redemander les intérêts de ses bontés, jusqu'à présent gratuites ! L'occasion de se venger de Catherine se présentait ; ce n'était pas Adèle qui la laisserait s'en aller toute seule.

— Mon cher monsieur, dit-elle, le plus fin devient bête quand il est marié. Vous ne distinguez pas bien la vérité de la chose. Laubépin n'est pas le galant de madame Clermont.

— Que veux-tu dire? demanda Étienne, que cette qualification de galant malmenait fort.

— Je ne fais pas de rapports, moi! Je ne veux pas brouiller un ménage. Vous ne saurez rien; vous n'en serez que plus tranquille.

— Tu n'as pas le droit de te taire, à présent!

— Je ne m'expliquerai pas davantage. Vous n'auriez qu'à faire des bêtises après!

— Je n'agirai que par tes conseils.

— Je ne prétends pas dire que madame Clermont vous trompe tout à fait; cependant, je ne donnerais pas bien lourd de sa vertu.

— T'expliqueras-tu, enfin? dit Étienne au comble de l'exaspération, au point juste où Adèle voulait qu'il fût.

— Les bourgeoises ne sont pas comme les ouvrières : nous, quand nous livrons notre cœur, c'est que l'amour l'a ouvert, et qu'il y est entré comme un rayon de soleil par une croisée; mais elles, c'est une menterie, c'est un prétexte, qui a l'air d'en forcer l'entrée.

— Pas tant de phrases!

— L'apparence de madame Clermont a été la charité. Voilà tout ce que je puis en dire.

— Je ne comprends pas.

— Alors, un mot de plus encore : votre femme se rencontre chez mon grand-père. — Et vous voyez bien que c'est une manigance, car je ne le laisse manquer de rien; elle se rencontre avec...

Adèle s'arrêta.

— Avec qui?

— Cherchez!

Il réfléchit, et fit des pas dans la chambre. Au centième pas, il dit :

— M. de Montbarrey!

— C'est vous qui l'avez nommé!

Clermont se souvint qu'au régiment Montbarrey passait pour être de première force à toutes les armes.

— Je ne le croirai jamais! reprit-il.

— Dame! dit Adèle, c'est votre faute, ou plutôt la mienne; vous n'êtes gentil qu'avec moi; lui, il est beau à toutes les heures; vous sentez l'absinthe, il sent le benjoin; vous êtes roturier, il est duc!

— Et tu ne penses pas que les choses soient allées?...

— Je pense que vous pouvez savoir à quoi vous en tenir tout à l'heure. C'est le jour de crise du père Privat; ils y seront.

— Es-tu d'avis que je dois intervenir? dit-il, en hésitant de plus en plus devant la réalité qui se dressait.

— Je suis d'avis que je ne saurais pas rester avec un amant qui se laisserait rendre ridicule.

— Ridicule! moi! un lieutenant de chasseurs!

— Et il faut que je tienne bien à votre considération pour vous parler comme cela : car on ne sait pas ce qui peut arriver; vous êtes en passe de recevoir un mauvais coup là-bas.

— Sans doute!

— Et je demeurerai seule, sans un ami, sans une consolation, m'étant perdue par amour pour un homme marié, et ayant refusé de devenir marquise.

— Oh ! s'il m'arrivait malheur, tu trouverais dans mon testament... reprit-il d'une voix lugubre.

— La famille l'attaquerait ! Puis, j'aurai toujours du pain à me mettre sous la dent. C'est mon cœur qui serait bien vide.

— Pauvre Adèle !

— Je voudrais un souvenir qui me dise à chaque instant votre amitié pour moi, continua-t-elle en portant son mouchoir à ses yeux secs. Qu'est-ce que vous m'avez laissé ?

— Dix mille francs ! dit-il très-gêné de l'allusion.

— De l'argent ! reprit-elle indignée. J'avais pensé... vous savez bien, cette petite maison près de l'abreuvoir...

— Elle vaut le double ! dit Étienne.

— Je l'ignore, mais je me rappelle que c'est là que vous logiez quand vous étiez tout jeune et que vous veniez en vacances. Votre père vous y mettait pour que la maison fût aérée pendant deux mois. J'étais bien petite, mais je vous voyais essayer de vous faire la barbe au volet, et charger votre fusil le matin, et recoudre vos boutons de guêtres. Ce sont des choses dont on se souvient toujours. J'aimerais à mourir dans cette maison ! Et elle s'interrompit en fondant en larmes.

— Je te la donnerai, dit-il très-ému.

— Mais point par testament. Ça porte malheur.

— Et comment faire ?

— Vous pourriez avoir l'air de me la vendre pour son prix. Je payerai, dit-elle en pleurant moins.

— C'est une idée !

— J'ai justement là du papier timbré.

Il se mit à la table.

Elle s'assit sur un de ses genoux, pendant qu'il écrivait, de sorte qu'elle put tout lire.

Quand ils eurent signé tous deux :

— Et les vingt mille francs? dit-il.

— Les voici !

Elle se pendit à son cou.

Auparavant, elle avait serré l'acte dans son placard.

— La nuit va être froide pour la garde que vous allez monter. Il faut vous réchauffer l'âme.

Elle apporta une vieille bouteille de madame Amphoux et remplit un verre.

— Buvez ! dit-elle.

— A ta santé !

— Non ! à la vôtre !

Étienne n'aimait point cette réponse.

— Tu me crois donc en danger ? dit-il.

— Si vous vous battez avec M. de Montbarrey ?...

— Lorsqu'on a porté l'uniforme... il y a des nécessités.

Et il but un autre verre pour se mieux démonter cette nécessité.

Adèle avait le sous-seing ; il n'était plus opportun d'insister sur les périls d'Étienne. Elle pourrait par la suite obtenir bien d'autres choses. Il fallait conserver un donateur précieux. Mais comment concilier cette prudence avec sa vengeance contre Catherine ?

— Tout bien réfléchi, reprit-elle, vous seriez bien niais de vous battre contre ce Montbarrey.

— Tu crois ?

— On vous connaît assez dans le pays, et on sait que si vous n'avez pas eu la croix ce n'a pas été la faute de votre bravoure.

— Le capitaine m'en voulait.

— Ce ne serait pas de bon jeu de vous faire tuer par ce beau monsieur qui vous a déjà berné. A votre place, j'irais voir ce qui se passe chez le père Privat, et si j'avais à me plaindre de madame Clermont, je la renverrais tout bonnement.

— Mais mon honneur?

— Bah! votre peau vaut mieux! Malgré tout, ne montez pas là-haut sans avoir une arme.

— Tu es une fille de bon conseil, et je te remercie. Au surplus, je ne te promets point de ne pas me laisser entraîner à quelque duel, et tu seras peut-être bientôt veuve! reprit-il, excité déjà par l'alcool qu'il venait de prendre.

— Si cela arrivait, je vous donne bien mon billet que vous auriez été mon dernier amant.

— Brave cœur! dit-il attendri. Pourquoi Catherine n'est-elle pas comme toi?

— Allons! vous les laisserez filer en perdant du temps.

— A demain.

Adèle, qui avait ses raisons pour se débarrasser d'Étienne, fut presque obligée de le pousser par les épaules le long de l'escalier. Il la laissa faire, puis se retournant brusquement, et l'élan donné, il la reçut dans ses bras. Depuis qu'il avait bu son second verre, et qu'elle ne lui conseillait plus de se battre, il était charmant.

La nuit se faisait noire : le ciel traînait à terre.

Étienne dut rentrer à la poste afin de prendre une arme.

Il avait un revolver dans la chambre qu'il avait occupée si longtemps avec Catherine.

Il y monta.

Aucune lumière ne l'éclairait. Le revolver était pendu à un clou, près du lit. En s'avançant à tâtons pour le prendre, il sembla à Étienne qu'un souffle passait sous l'alcôve.

Il eut peur d'abord : il savait que Catherine était sortie.

Mais cependant les respirations nocturnes ont leur régime. Celle de Catherine était douce et molle, et arrivait faiblement et régulièrement comme un flot d'une rivière à son bord. Étienne écouta encore. Il ne pouvait pas s'y tromper. C'était Catherine. Elle dormait.

Ainsi les suppositions d'Adèle la calomniaient. Catherine rêvait, tandis qu'on la croyait à l'adultère. Au lieu de son amant, elle avait sa fille.

Étienne se sentit remué par cette opposition entre ce qu'il cherchait et ce qu'il trouvait.

Il eut la pensée de se coucher maritalement et, sans rien avouer, de gagner le pardon de Catherine en redevenant fidèle. A quoi bon courir à une aventure périlleuse lorsqu'il avait là plus de beauté qu'il n'en découvrait ailleurs?

Il commençait à se déshabiller, et il avait vaguement la pensée qu'il ferait bien, avant de se coucher, de dire un mot de remerciement à Dieu.

Catherine avait mieux passé la fin de cette journée. Elle ne savait pas ce qui résulterait de sa conversation avec Étienne, mais sa tâche de femme chrétienne était accomplie. Si un malheur se plaçait sur son chemin, elle aurait tenté de l'éviter par sa prévoyance. Elle avait eu pitié de Laubépin, et lui écrivit quelques lignes qui l'auraient consolé. Pauline était plus fraîche que la rosée d'été, à cause de laquelle sa mère l'avait fait rentrer de bonne heure. La petite demanda à Catherine de se mettre au lit en même temps qu'elle. La conversation heureuse avait été d'une couche à l'autre.

Elles s'étaient endormies toutes les deux avec des sourires. Catherine fut préservée de la visite de son mari.

Il se rappela subitement, dans sa demi-ébriété, sa promesse de monter chez le père Privat.

Il se crut engagé d'honneur à donner à Adèle cette preuve d'obéissance.

Mais il ne se rappelait aucunement ce qu'il y allait faire.

Toutefois, il s'était engagé aussi à être armé.

Il prit son revolver et sortit.

Il avait déjà oublié que Catherine était à la maison. Il se croyait toujours un mari trompé. Il se trouvait dans cette situation d'esprit, où sans savoir comment il vous menace, on sent un malheur planer sur soi.

Il eut de vrais ennuis en route. Comme il passait devant le café, ses amis le reconnurent, et l'appelèrent pour faire un bésigue. Ce jeu-là lui plaisait fort, et il maudit sa mauvaise fortune qui lui défendait de s'y arrêter. Il était jeté fatalement en dehors de ses habitudes et de ses plaisirs, et quand pourrait-il les reprendre?

Il arriva vers la maison d'Adèle. Il n'avait aucun soupçon sur sa constance. Adèle lui multipliait les preuves de désintéressement et d'amour. Cependant, il lui sembla voir une ombre glissant sous les fenêtres dans le chemin : ce ne pouvait être qu'une vision de sa tête troublée. Mais l'ombre se rapprochait de la porte. Il se blottit sous le toit d'un puits public, à dix pas de la maison. La porte s'ouvrit.

Adèle parut.

— C'est toi, Jules? dit-elle à demi-voix.

— Oui, répondit Jules Mortagne.

— L'amant de mon cœur peut entrer! dit Adèle. Mon imbécile est passé pour monter chez le père Privat.

La porte se referma sur tous les deux.

Étienne n'avait pas perdu un mot.

Il fut plus contrarié, en apprenant la trahison de sa maîtresse, qu'il ne l'aurait été, éclairé sur sa femme. Ainsi il était bafoué des deux côtés : la fille légère le respectait moins que l'épouse : sous deux alcôves on riait de lui! On l'injuriait dans deux langages!

Son premier mouvement le poussa à forcer la porte d'Adèle. Sa vengeance était si à portée de sa main qu'elle ne lui échapperait pas. Il eut pourtant une lueur de raisonnement. Le scandale et le crime seraient plus grands chez Adèle. Là, il n'avait pas le droit de punir!

Il se précipita dans la vigne.

— Montons, s'écria-t-il, j'en tuerai au moins un!

Il monta.

Il allait vite, ses pieds s'embarrassèrent dans un cep. Il tomba, et se fit mal au genou.

Quelqu'un passait par le chemin, le long du mur.

C'était M. de Pondhuy. Étienne le reconnut.

Alors il lui sembla qu'il voyait passer son propre spectre.

— Voilà ce que je serai dans quelques mois, se dit-il, ruiné et déshonoré !

Il se souvint avec épouvante qu'il avait déjà donné à Adèle cette maison près du lavoir; il s'avoua qu'elle reprendrait quand elle voudrait tout son empire sur lui; il vit dans un avenir prochain les mains de cette femme s'étendre peu à peu sur ses domaines et, parcelle à parcelle, les lui arracher tous; il pensa à sa fille qui serait pauvre par lui; il pensa à Catherine qui lui avait donné de si sages conseils; il pensa aussi que toutes ces complications allaient bouleverser sa vie, et qu'il ne pourrait plus aller au café; et il s'attendrit sur toutes ces infortunes : il n'aurait plus rien d'agréable à faire dans le monde; ces histoires-là allaient éclater et le rendre ridicule. L'ivresse lourde qu'il portait dans sa tête assombrissait encore toutes ses perspectives; il reconnaissait qu'il n'était aimé de personne, et aussi qu'il n'avait rien fait pour l'être. Il prit froid, et il pleura tant, qu'il entendit ses larmes tomber sur les feuilles des vignes.

Il voulut se relever. Son genou s'enflait; il essaya de faire quelques pas, il boitait.

— Me voilà estropié! se dit-il; je ne guérirai jamais; on me coupera la jambe !

La pipe console de beaucoup de choses. Clermont en tira une de sa poche et l'alluma.

Il n'était pas habitué à boiter ; sa pipe glissa de ses lèvres et se cassa contre une pierre.

— C'est trop de malheur en un jour! s'écria-t-il. Dieu le veut donc! Et il s'agenouilla dans les vignes, son revolver à la main.

XIV

Tiburce avait savouré sans mélange la joie de la guérison de Pauline. Il était pour quelque chose dans le résultat. Jamais il ne fut plus content qu'en envoyant secrètement à M. Champanelle les trente billets de mille francs contre son obligation.

Il ne s'était pas beaucoup préoccupé de l'effroi de Catherine au moment où elle attendait le docteur; il supposa qu'il lui avait demandé une somme pareille pour sauver sa fille, et que c'était la seule raison de son épouvante. Il se promettait bien de se dégager de sa promesse vis-à-vis de M. Benoît, et de trouver une occasion de châtier le misérable suivant ses mérites.

Il voyait Catherine tous les jours.

Il enflammait ses yeux et sa jeunesse auprès d'elle, mais la cure qu'elle essayait sur lui réussissait.

Toutes les fois qu'il sortait de la poste, il allait, suivant ses conseils, se rafraîchir et se calmer dans une bonne action. Il aimait davantage Catherine de ce qu'elle le rendait meilleur, mais il l'aimait avec des battements de cœur plus doux.

Les soins à donner au père Privat étaient la moindre de ses occupations bienfaisantes.

C'était à trois heures qu'il allait voir Catherine ordinairement. Il rentrait à six pour dîner. A chacun de ses repas, il invitait un des plus pauvres de la commune; rien qu'un, mais tous les jours.

Il était installé au château; il avait monté sa maison simplement et largement.

Le pauvre était, comme Hugo l'a si magnifiquement dit, l'hôte envoyé par le Seigneur.

Il s'effarouchait bien un peu d'être assis à la table de ce duc et servi par de grands laquais. L'embarras ne durait pas longtemps: Tiburce mettait une cordialité si chrétienne dans son accueil, que l'invité ne tardait pas à raconter ses misères. Tiburce savait être charmant, même avec un paysan inconnu, et il avait de l'esprit, dans un patois appris très-vite. Le pauvre se levait toujours de table affermi et consolé pour longtemps; certaines paroles dites par lui faisaient encore plus de bien à la misère que la pièce d'or qui était tombée dans sa main.

Et le respect ne s'oubliait pas. Montbarrey était fraternel, mais non familier.

Puis il allait dans les champs, au hasard, répandant la bonne parole; il apprenait au campagnard à aimer la campagne; il découvrait à des yeux qui le voyaient depuis longues années la beauté de leur horizon; il faisait sentir, comme un parfum, la poésie de la gerbe de blé, du cep de vigne et du pré fauché, pour les rendre plus chers à ceux qui les cultivaient. Il était apôtre; il faisait aimer la liberté; il répandait Dieu.

Que de raisons n'avait-il pas d'être heureux de son amour pour Catherine, puisqu'elle lui faisait faire tant de bien, et qu'il signait toutes ses bonnes actions de son nom et jamais du sien?

Ce jour-là, il n'avait pas rencontré Catherine, comme on l'a vu : c'était la date où devait revenir la crise de père Privat; il se la rappelait, et, en montant aux vignes vers le déclin du jour, il espérait qu'il verrait Catherine dans la maison.

Le ciel était couvert, des exhalaisons chaudes sortaient des prairies basses, et les raisins, qui mûrissaient déjà, mêlaient la flamme contenue dans leurs grappes aux bouffées de vent qui par intervalles soufflaient sur eux. Tiburce sentait toutes ces saveurs se fondre en bonnes inspirations dans son âme.

Il avait vu presque tous les jours le père Privat ; il croyait être certain que la crise serait moins forte qu'autrefois, et la tentation du suicide moins puissante.

Il arrivait au moment même où il savait que le paroxysme devait venir aussi.

Privat n'était pas couché ; il avait son fusil près de lui, et s'occupait à attacher une ficelle à la gâchette.

En voyant Montbarrey, il laissa tomber son arme.

Le jeune homme ne ménagea pas son indignation au vieillard.

— Comment ! lui dit-il, nous nous sommes vus chaque jour ! vous m'avez donné raison après tous nos entretiens; vous avez juré devant Dieu, que vous renonciez à votre crime...

— Ah! monsieur, interrompit Privat, vous ne savez pas ce que j'ai vu? Écoutez-moi, et ne blâmez pas trop fort. Ce matin, qui était mon jour, je me suis réveillé confiant; vos bons conseils me revenaient : je croyais bien que je me coucherais ce soir sans mauvaises pensées, et je remerciais le bon Dieu de ne m'envoyer que mon mal quotidien; mais elle est revenue, monsieur, et tout est revenu avec elle !

— Qui est venu? interrompit Tiburce.

— La Magny! Je ne peux pas me décider à l'appeler ma fille. Elle avait son air câlin, et sa coiffe, et ses yeux baissés, qui la font ressembler à une sainte. Elle m'a embrassé sans que je puisse m'en défendre. Elle a voulu voir mes plaies, et les a pansées avec du beau linge qu'elle avait apporté. Mais elle avait aussi apporté, la sournoise, autre chose qu'elle cachait dans un panier.

Quand elle m'eut bien dorloté et trempé ma soupe, et tout arrangé proprement dans ma chambre :

— Mon grand-père, me dit-elle, je suis venue à cette fin de vous requérir d'un service.

— Demande-moi ce que tu voudras, Magny, lui ai-je fait, pourvu que ce soit honnête.

Elle rougit, car elle pensa que je voulais faire allusion à ses amours. Mais il y a longtemps que je ne lui parle plus de cela.

— Je vis toute seule dans mon logis, me dit-elle : les ouvrières n'y couchent point, j'ai fait quelques économies, à force de me priver, et je suis affolée de la crainte qu'on ne vienne me voler.

En même temps elle tira du panier un rouleau de papier et un grand sac bien plein, le tout ficelé et fermé à la cire, comme les brevets qu'on envoyait au régiment.

— Mon grand-père, reprit-elle, vous avez été soldat et on vous craint dans le pays; en outre, on ne vous soupçonne pas d'avoir du bien. Il faut enterrer tout ça derrière des planches sous votre lit. Je dormirai plus tranquille, sachant que ma petite fortune est sous votre garde.

— Qu'est-ce que tu me dis là? répondis-je très en colère. Cet argent ne peut pas avoir été dûment gagné. Je ne me charge pas de cette commission.

—Vous croyez donc toutes les menteries qu'on dit contre moi, reprit-elle. Je ne prétends pas que je sois vierge, et ça remonte à ce que votre fille ne m'a pas assez surveillée dans le temps. Mais de s'amuser un peu à amasser une fortune, il y a loin. J'ai eu des amoureux, c'est vrai, et nous ne nous sommes jamais rien donné que nos cœurs. D'ailleurs, est-ce qu'il roule tant d'argent dans le village, pour que je puisse être millionnaire? Je gagne un peu sur mes pratiques, et M. Mortagne m'a fait faire de bons placements. Il y a deux titres dans ce rouleau; il n'y a que des pièces de cinq francs dans ce sac. C'est le capital de la rente que je vous paye. A qui voulez-vous que j'aille, si vous me refusez votre protection? Croyez-vous que je vous donnerais l'argent de ma honte? J'ai gardé cela, pour que nous soyons ensevelis convenablement un jour, vous le vieux soldat, moi l'ouvrière courageuse! Ne me repoussez pas. N'êtes-vous point mon défenseur naturel? Quand ma mère a été pour mourir, elle m'a dit que vous m'aimeriez et que vous prendriez soin de moi.

Enfin, monsieur, elle m'a tant enjôlé cette Adèle, elle a si bien tiré des larmes de mes yeux que j'ai consenti, et que je ne lui ai pas fait remporter son trésor.

Je fis ce qu'elle m'avait demandé : je soulevai des planches; au moment de tout reclouer, un attendrissement me vint : Voyons, me dis-je, tu l'as peut-être mal jugé, la pauvre fille. Si ce qu'elle t'a raconté est vrai, s'il n'y a là que trois ou quatre mille francs, ton devoir sera de lui rendre l'estime et l'amitié.

Et je pris mon couteau, et je fis voler les cachets qui tenaient bien. Le sac s'éventra. Savez-vous ce qu'il en sortit? De l'or, immensément d'or, qui s'amoncela sur le plancher en petite montagne. Je frémis, mais je voulus tout voir! J'ouvris le rouleau. C'étaient des billets de banque et des obligations. Plus que depuis que notre famille existe, il n'en a jamais passé par les mains de tous mes grands-pères réunis! J'eus de la force contre mon indignation; je comptai tout. Je mis trois heures à compter. Il y avait là cent mille francs!

Ainsi la Magny ne se contentait pas d'être une perverse, c'était encore une voleuse. J'ai bien su ce qui en était autrefois des femmes qui se vendent! On a beau avoir des cheveux blonds, et des dents blanches, et faire rire les hommes, on n'amasse pas ainsi cent mille francs avec son corps.

Et après, monsieur le duc, j'eus peut-être un accès de folie, peut-être ai-je été sensé. Vous me jugerez. Je ne pensai pas que cette fortune fût assez à moi pour la donner, mais je conjecturai que j'avais le droit et le devoir de la détruire. J'aurais bien pu faire monter ici tous les mendiants des Orbes, et les rendre riches en une minute. Dieu aurait mieux aimé ça, peut-être, mais je n'en n'eus pas le cœur, ç'aurait été dire trop publiquement ce qu'était Adèle.

Je rapprochai les tisons qui avaient servi pour la soupe : je jetai dessus tous les papiers. La flamme jaillit en une seconde, comme quand on fait un feu de bataillon. On aurait dit que cette flamme purifiait Adèle, car j'eus moins horreur d'elle dans mon âme après que tout fût brûlé. J'ouvris ensuite la fenêtre. Je regardai s'il n'y avait personne, et pendant je ne sais quel temps, monsieur, je semai, à pleines mains, dans toutes les directions, des pièces d'or dans les vignes. Elles s'en allaient comme des fusées, et je serais embarrassé de dire où elles sont tombées. J'avais la fièvre en faisant cela. Je détruisais ce qui ne m'appartenait pas, je ruinais Adèle sans qu'elle s'en doutât. Mais je croyais que je sauvais son âme. Je ne m'arrêtai que lorsque le sac fut vide.

Maintenant savez-vous ce que j'ai vu de mes yeux, tout à l'heure, au moment où le soleil se couchait? M. de Pondhuy accroupi dans les vignes. Il m'avait aperçu dans la journée, certainement. Il alla de cep en cep, faisant sa vendange! Lorsque la nuit fut noire, il alluma une lanterne et continua. On aurait cru qu'il venait ainsi reprendre son bien. Il ne doit guère rester d'or sous les vignes. Il reviendra demain.

Et ma journée s'est passée ainsi! A six heures, j'ai senti les premières atteintes du mal. Mon sang s'était enflammé à tant de désespoir et à tant de travail. Jamais la plaie ne m'a fait plus horriblement souffrir. Je me disais aussi que j'avais peut-être été au delà de mon droit en ruinant ainsi cette fille. Je me répétais vos paroles de tous les matins; mais, dans mon martyre, elles tintaient faux comme des grelots fêlés. Je ne pouvais pas supporter davantage les meurtrissures de la chair et de l'âme. Dieu ne mesurait pas la force à la torture. Voilà pourquoi je préparais le fusil, et, sur l'honneur, monsieur, je savais que vous alliez venir, et j'espérais avoir tout fini avant!

Tiburce écouta Privat sans l'interrompre. Il admira cette franche incorruptibilité et cette justice lacédémonienne.

— Vous avez agi en sage, lui dit-il; voulez-vous toujours

finir en lâche? Tournez cette arme contre vous, et l'on dira que vous vous êtes tué parce que vous avez craint les reproches d'Adèle.

— Emportez ce fusil, monsieur! Ne laissez pas la tentation si près de moi.

Tiburce prit le fusil. Privat le regardait avec douleur.

— Il m'avait été donné quand j'ai eu mon congé, parce que je m'en étais bien servi. Lorsque je le vois suspendu au mur, je crois être sur les plaines de Fleurus, Mayence, le Tyrol, les Alpes, tous les lieux où il a brillé au soleil ou à la lueur des canons.

— Vous n'avez pas de poudre et de balles chez vous?

— Non, avec quoi les payerais-je? Il est encore chargé de sa dernière bataille.

Tiburce ouvrit la fenêtre, et déchargea le fusil, très-bas, dans les vignes.

Privat tressaillit. Ce coup de feu des temps héroïques faisait battre son âme.

— Quel bruit il a fait! dit-il.

— C'est qu'elle était bonne, notre vieille poudre! Vous pouvez partir, monsieur, reprit-il après un silence. Je vais rêver à la République.

Montbarrey redescendit.

Ce coup de fusil, à cette heure-là, avait paru étrange à M. Mortagne, dont la maison était, avec celle de M. Champanelle, très-proche des vignes.

Il regarda, entra dans le clos, suivit un moment le sentier qui montait entre les ceps, et ne vit rien.

Mais comme il allait sortir et revenir chez lui, il fut très-étonné de reconnaître M. Champanelle dans un personnage qui dissimulait sa présence, et qui se hissait sur le mur à moitié ébranlé.

— C'est très-singulier que le docteur soit sorti, pensa M. Mortagne. Il n'est pas guéri de sa blessure.

L'avenir de Catherine devait dépendre de cette rencontre de ces deux hommes.

Cependant, une heure auparavant, Catherine ne dormait pas si bien qu'elle n'eût entendu le pas de son mari, lorsqu'il sortait de sa chambre. Elle s'était couchée plus tôt que d'ordinaire. Elle n'avait plus sommeil, elle voulut s'assurer qu'elle n'avait pas rêvé, et savoir si Étienne était chez lui. Elle alluma une bougie, et passa une robe de chambre.

— Je me suis trompée, pensa-t-elle, quand elle vit que le lit était vide.

La nuit lui souriait par les fenêtres ; elle jeta une mante sur ses épaules et voulut se promener un peu.

Elle alla d'abord, en maîtresse de maison vigilante, voir si tout était en ordre dans la cour. L'accomplissement des devoirs intérieurs est aussi un calmant. Étienne négligeait beaucoup son rôle d'administrateur. Elle aimait ces spectacles de la vie rurale, et ce mouvement du monde qui déposait ses flots de voyageurs venant battre les murailles de la maison sans y entrer jamais. Quelques attelages, arrivant des relais voisins, étaient attachés aux boucles, et pendant que les palefreniers les étanchaient, on voyait la fumée de la sueur monter au-dessus des lanternes. Des chaises de poste entraient et sortaient, jetant pour une minute des passants de tous les pays. La malle sonore et éclatante, avec ses réflecteurs, ne faisait que toucher barre, dominant comme une impératrice toutes les autres voitures, et apportait avec elle de la respiration et du mouvement de Paris. Puis des courriers d'État traversaient le relais aussi agiles qu'une note de télégraphe. Des couples d'amoureux cachés dans une berline, des comédiens sur les diligences, des soldats dans des fourgons, tout cela était sa vie, et donnait un élan fugitif à l'imagination de la jeune femme.

Elle n'entra pas à l'écurie. Laubépin n'y était plus. Mais Bijou la respira dans l'air, et l'appela de doux hennissements. Ces accents lui arrivaient comme des paroles : elle n'était pas certaine que Bijou n'allait pas lui reprocher le départ de Laubépin. Pour se soustraire à sa voix, elle se dirigea vers les grands tilleuls qui longeaient la route en terrasse.

Elle marchait de l'un à l'autre, ayant un peu l'effroi de la solitude et de la nuit; elle voulait s'aguerrir contre les dangers, de quelque nature qu'ils fussent.

La route était déserte. Les voitures se perdaient dans l'éloignement. Catherine palpita. Tiburce passait.

Elle aurait bien eu le droit de l'appeler, de le faire asseoir un instant sur un banc à côté d'elle, de lui donner une fleur, et de laisser s'irradier chastement sur leurs têtes un des plis de cette nuit.

Mais qu'aurait pensé sa conscience, de cette entrevue dans l'ombre? Sa pudeur s'effarouchait comme une colombe; cette conversation serait un trop grand bonheur pour être parfaitement innocent. Elle n'appela pas Tiburce : mais, pour elle seule, sous les grands arbres, sous les étoiles, elle lui envoya un baiser du bout des doigts.

Tiburce le reçut-il?

Il se retourna et parut frémir.

Bientôt Catherine frémit aussi : des cris sinistres, des appels désolés se faisaient entendre au loin.

Des groupes couraient vers la poste; les portes des maisons s'ouvraient sur leur passage.

Puis on entendait crier :

— Il est mort !

Catherine s'effraya; elle n'était qu'à vingt pas de Montbarrey et au-dessus de lui.

— Qu'y a-t-il? demanda-t-elle.

Il ne la savait pas si près, le cœur n'avertit pas toujours.

— Un accident, sans doute.

— Quelque voyageur blessé.

— Allons porter secours!

Le groupe s'avançait, mais plus il approchait, plus il venait lentement.

Catherine était déjà dans la cour.

Montbarrey avait couru au-devant du tumulte; il revint pâle, effaré.

— Éloignez-vous, madame! dit-il à Catherine.

Le blessé qu'on ramenait était un mort.

Ce mort était Étienne.

Catherine, avec sa charité ardente, voulut aller porter l'aide de sa pitié à cet inconnu.

Tiburce cherchait à l'emmener.

— Avez-vous peur pour la première fois de votre vie? lui dit-elle avec un ton de reproche.

— Il est impossible que vous restiez !

Elle avançait, le brancard aussi, avec des torches.

Elle reconnut Étienne dont la tête pendait.

— Lui! s'écria-t-elle : c'est impossible !

Et elle poussa un cri si perçant qu'il réveilla Pauline dans sa chambre.

Puis elle tomba.

Mais des bras la soutinrent.

C'étaient les bras de Tiburce.

XV

La première pensée de Catherine fut au désespoir.

Comment! Étienne! à trente-six ans! mort! assassiné! Toutes ces questions se pressèrent avec leur effroi. Qui avait pu le tuer ainsi? Il avait une balle dans la poitrine. Le pauvre Étienne! Il était revenu auprès d'elle dans la soirée. Elle en était certaine à présent. Ne l'avait-il pas embrassée? N'avait-il pas regardé Pauline entre les rideaux? Savait-il donc qu'il allait à un danger?

Hélas! même dans cette âme choisie, la seconde pensée fut au sentiment de sa liberté!

Elle ne relevait plus que de Dieu; son amour ne serait plus un crime; rien ne se mettrait entre elle et Tiburce.

Elle eut horreur d'elle-même, quand elle se découvrit cette impiété. Elle en voulut presque aussi à Tiburce, à cause de qui elle lui était venue.

On avait déposé le corps dans la salle.

Il n'avait pas été possible d'essayer un pansement. Il était froid déjà. On l'avait trouvé dans les vignes. Aucune arme n'était auprès de lui. On ne pouvait pas hésiter sur la certitude d'un assassinat.

C'était M. Champanelle, sorti un instant pour prendre l'air, qui l'avait vu le premier, et par qui l'alarme était venue. Le docteur déclara de la porte de sa maison, à ceux qui venaient, que la mort avait dû être instantanée.

Montbarrey regrettait sincèrement d'avoir perdu ce camarade. Il fut un des premiers à demander qu'on allât prévenir la justice. Il s'était occupé de Catherine d'abord. Il n'entendit rien de ce qu'on disait autour de lui.

M. Mortagne survint.

Avant de rapporter la conversation qu'il eut avec Catherine et Tiburce, remontons à un quart d'heure auparavant.

Il était sorti comme nous l'avons dit, après avoir entendu le coup de feu; il parcourut la vigne, et ne vit personne M. Champanelle qui paraissait éviter ses regards.

M. Mortagne s'étonna de la présence du médecin, fit des conjectures vagues, et revint chez lui.

Peu après, la vigne et le chemin se remplirent de rumeurs. M. Mortagne ouvrit sa fenêtre; un brancard passait. M. Mortagne descendit, et apprit que M. Clermont venait d'être tué.

M. Mortagne suivit le groupe qui portait le cadavre. A l'angle du chemin, le café était plein de frémissements. Tous les habitants des Orbes s'y entassaient. M. Mortagne y entra un instant pour apprendre des nouvelles.

On pérorait d'une table à l'autre; on criait vengeance. On demandait à boire de tous les côtés pour combattre l'émotion. Ce soir-là, le café de l'Ordre fit une recette de soixante-dix francs. C'était le seul endroit où Clermont eût presque des amis; il était bon camarade à tout prendre et franc buveur; il payait largement; il soldait tous les mois une note bien glorieuse de consommation; il faisait rire avec ses histoires qu'il rapportait d'Afrique et les mots que la Magny lui apprenait. Il n'écrasait personne de la supériorité de sa fortune, et n'avait vingt mille francs de rente que pour en dépenser les trois quarts en petits verres.

Aussi cet assassinat mystérieux excitait-il là plus qu'ailleurs l'indignation et les représailles. M. Mortagne s'aperçut que l'attention était surtout reportée à une table sur laquelle M. Champanelle appuyait péniblement son bras en écharpe.

— Oui, disait le docteur, il a fallu une circonstance aussi grave pour que je vinsse ici ce soir, car je souffre encore beaucoup de ma blessure; mais j'aimais ce pauvre Clermont; je veux contribuer à ce que sa mort ne reste pas sans vengeance.

— Enfin, que savez-vous? disait-on de tous les côtés.

— Le coup de feu est parti du haut des vignes, dans la direction de la maison du bonhomme Privat.

— Et c'est lui que vous accusez ?

— Dieu m'en garde, je n'indique qu'une conjecture.

— Et sur quoi se fonde-t-elle ?

— Sur rien, répondit Champanelle. Pour aller à la vigne, quand un bruit de fusil m'a réveillé, je suis passé devant la Magny. Elle était à sa fenêtre avec un jeune homme. J'ai entendu le jeune homme dire à Adèle : — Tu es sûre que le duc est chez ton grand-père ? — Oui, répondit Adèle.

La stupeur parcourut tout l'auditoire. Montbarrey était trop adoré des paysans et des pauvres pour ne pas être jalousé des bourgeois. Cependant cette hypothèse, si grave qu'elle fût, ne trouva que des incrédules. M. Mortagne se révolta. Il savait Champanelle capable de beaucoup d'infamies.

— Il faudrait nommer le jeune homme, pour qu'il pût être appelé ? dit-il.

— Je ne le nommerai pas devant vous ! répondit Champanelle avec un mauvais sourire.

— Pourquoi cette réticence ? dit M. Mortagne.

— Nommez-le ! nommez-le ! cria-t-on.

— Me promettez-vous toute votre indulgence, monsieur ? dit le docteur à M. Mortagne.

M. Mortagne ne savait que répondre et fit un geste affirmatif.

— Ce jeune homme était... votre fils Jules.

M. Mortagne parut contrarié, mais il se remit vite.

— Et où est le crime ? dit-il. Jules est libre, Adèle aussi.

— Je ne parle pas du crime, mais d'un de ses témoins, répondit Champanelle.

— Et où vont vos conjectures? reprit M. Mortagne vivement. Vous affirmez que M. de Montbarrey, dans la nuit, de gaieté de cœur, a tiré sur Étienne Clermont.

— D'abord, je n'affirme rien, dit Champanelle.

— Mais on a un motif pour tuer un homme, reprit M. Blanchemain qui avait l'air d'un compère du docteur. M. de Montbarrey n'a reçu que des politesses de ce pauvre M. Clermont.

— Des motifs? dit Champanelle, ils ne manquaient pas.

— Mais encore?

— Ne sait-on pas, dit Champanelle, que le duc aimait la femme du maître de poste? On les a vus vingt fois ensemble.

M. Mortagne sentit la portée de cette insinuation. Il voulut la corroborer pour l'anéantir et la mettre, avec toute son imprudence, bien en face du public.

— Ainsi, monsieur, dit-il, vous vous portez comme accusateur, et vous prétendez que le duc de Montbarrey est coupable d'homicide sur la personne de M. Étienne Clermont?

— Par imprudence! oui, monsieur, répondit M. Champanelle.

M. Mortagne réfléchit un instant. Il comprit bien vite le calcul profond de cette haine.

— Vous m'avez fait aller beaucoup trop loin d'abord, reprit M. Champanelle; je ne dis qu'une chose : ou M. Jules Mortagne a abusé de la vérité, ou M. de Montbarrey a tiré le coup de fusil qui a atteint Étienne.

— C'est évident! dit-on dans le public.

—Nous aimons mieux ça qu'un assassinat! cria Blanchemain.

Le docteur reçut quelques félicitations pour le courage de son opinion. On lui donnait raison aux tables où l'on buvait le mieux.

Voilà pourquoi M. Mortagne revint précipitamment à la poste.

Tiburce était parvenu, dans ce tumulte du désespoir, à emmener Catherine; il l'avait fait monter dans sa chambre.

Elle pleurait, ses mains dans ses cheveux.

Ils s'étaient parlé ainsi :

— Monsieur, dit Catherine, après que les sanglots eurent cessé de couper sa voix, que voyez-vous dans ce malheur?

— Un crime à punir, répondit Tiburce.

— J'en suis donc là, reprit-elle, à désirer qu'on soit sans pitié pour le meurtrier! Oh! trouvez-le, monsieur Tiburce! Mon pauvre mari!

Et les sanglots revinrent.

— Madame, dit-il après un long silence, vous pourrez éclairer la justice mieux que personne. Vous savez tout de la vie de Clermont. Cherchons ensemble, puisque vous me constituez son vengeur. Est-ce que ses affaires ou certaines habitudes prises depuis peu de temps lui avaient fait des ennemis?

— Des ennemis pareils! répondit-elle. Étienne était doux avec tout le monde ; s'il s'emportait quelquefois, c'était contre moi, et pour en revenir meilleur après. Je ne trouve rien.

— Quoique ces retours sur le passé soient affreux, il faut les faire. On vous interrogera demain. Reprenez l'histoire de ces derniers jours. A-t-il menacé, a-t-il injurié quelqu'un ?

Catherine frissonna; elle se rappela la scène avec Laubépin. Son front pâlit encore.

— Vous avez un soupçon, madame?

— Non! répondit-elle vivement. C'est monstrueusement impossible.

— Dites-moi tout, madame, car enfin son sang crie dans la maison. Étienne m'y a accueilli avec une amitié qui me fait un devoir de m'armer pour lui. Vous pensez à quelqu'un?

— Non! mille fois non!

— Cependant, le trouble où vous êtes... Songez-y, madame, le respect de sa mémoire vous impose...

— N'insistez pas! interrompit-elle vivement, et ne se pardonnant pas d'avoir eu une pensée si sacrilége. Autant vaudrait dire que le meurtrier, c'est vous!

— Moi!

— Vous! un des cœurs les plus grands que je connaisse avec lui!

Tiburce frémit de joie à cet aveu involontaire. Pour la première fois, il se dit que Catherine n'était plus mariée!

La porte s'ouvrit, M. Mortagne entra.

Il s'arrêta en voyant M. de Montbarrey. Il alla à Catherine et l'embrassa paternellement.

— J'ai à vous parler, monsieur, dit-il ensuite.

— Vous savez quelque chose?

— Venez!

— Un mystère! cria Catherine. Voulez-vous me tuer sur place?

M. Mortagne comprit qu'il devait la vérité, même à cet

amour qu'il devinait, et que tout allait tellement éclater que ce n'était pas l'heure des précautions. Il prit la main de Tiburce.

— Monsieur le duc, dit-il, vous n'êtes ici que depuis six semaines, mais c'est plus qu'il n'est nécessaire pour vous connaître et pour vous aimer : vous avez répandu le bien autour de vous, comme votre ombre, partout, et sans calcul. Au nombre de vos vertus, vous avez la force; soyez fort!

Catherine approuvait les paroles de M. Mortagne; mais sans savoir où elles allaient, elle s'en alarmait.

— De tout ce que vous voulez bien me prêter, monsieur, dit Tiburce, je ne m'attribue que votre amitié.

— Elle vous appartient; elle vous a déjà défendu.

— Merci, monsieur! dit Tiburce en souriant presque. Je suis donc menacé?

— Peut-être! Vous savez que le malheureux Clermont a été trouvé au bas des vignes?

— Oui, monsieur.

— Est-il vrai que vous ayez été ce soir chez le père Privat?

— C'est vrai! répondit Tiburce, en regardant Catherine.

M. Mortagne sentit trembler son cœur; il continua :

— Est-il vrai que vous ayez tiré un coup de fusil par la fenêtre?

— Oui! dit Tiburce avec calme.

Puis tout d'un coup, la tête perdue, les gestes égarés, la voix convulsive, il s'écria, n'étant plus maître de lui-même :

— Catherine! Catherine! on m'accuse d'avoir tué Étienne! On sait que je vous aime; on veut nous séparer à jamais!

— Nul n'a osé penser que ce fût autre chose qu'un hasard, ajouta timidement M. Mortagne.

Catherine bondit, ruisselante de pâleur; elle sembla vouloir couvrir Tiburce de sa protection; elle étendit ses mains comme pour les pendre à son cou.

— On vous accuse! dit-elle.

Puis ses mains retombèrent; et avec ses mains, sa tête.

— Si c'était vrai! reprit-elle; si notre malheur avait conduit cette balle!...

Tiburce eut froid dans toutes ses veines.

— Oui, dit-il, si c'était vrai!

M. Mortagne les avait regardés avec des yeux émus.

— Il faudrait nier, dit-il.

— Nier! reprit Tiburce.

— Le seul témoin qui vous ait vu dépend de moi, dit M. Mortagne. Le père Privat dira que c'est lui qui a déchargé son fusil.

— Et c'est vous, monsieur Mortagne, qui donnez un semblable conseil! dit Catherine.

— C'est moi! répondit M. Mortagne. Dieu approuvera ce mensonge. En guidant cette balle vers la poitrine d'Étienne, il a voulu qu'il n'y eût plus d'obstacle entre vous. J'en jurerais par ma mère, votre amour a été innocent! Songez donc, si cette opinion se répandait... jamais!...

— Monsieur, interrompit Catherine, voulez-vous que je vous dise ce que pensé en même temps que moi M. de Montbarrey?

— Dites, mon enfant!

— Il pense que si pure que nous ait paru cette affection, elle était coupable devant le ciel; que ni lui ni moi nous n'avons assez retenu nos cœurs, et que nous voilà punis bien durement; mais la justice est dure! il pense que nous ne devons plus nous retrouver, que nous aurons peut-être ailleurs la mesure plus paternelle! Et ici, au-dessus de ce mort dont l'âme nous entend, il est prêt à affirmer avec moi que nous ne nous rencontrerons qu'après la tombe!

Tiburce chancela; puis, se redressant par l'exemple de Catherine, il essuya le nuage qui était devant ses yeux.

— Vous êtes une sainte! lui dit-il.

Et il marcha vers la porte.

Elle courut à lui.

— Vous ne vous tuerez pas? dit-elle.

— Je vous le jure!

— Par quoi le jurez-vous?

— Par l'immortalité, à laquelle vous m'avez fait croire!

Il s'éloigna encore.

— Adieu! pour toujours! dit-il.

— Non! répondit-elle; toujours, c'est plus que la vie!

M. Mortagne accompagna Tiburce.

Catherine descendit.

Il n'y avait pas de lumière dans la salle; on n'avait pas encore été chercher le prêtre.

Elle voulut allumer; elle suivit le mur à tâtons, pour prendre une boîte; elle se heurta contre un meuble; sa main s'étendit devant elle, puis s'écarta avec horreur.

Elle avait touché Étienne.

On l'avait étendu sur le piano.

Mais elle triompha de son effroi, et, pour se vaincre jusqu'au fond de son âme, elle chercha le cadavre et le baisa au front.

— A présent, dit-elle, je n'embrasserai plus que ma fille !

XVI

Après avoir été chassé par Étienne, Laubépin, qui n'avait point d'asile, prit la résolution d'aller passer la nuit sur la montagne. Il se dirigea par la route de Saint-Rémy.

Il n'eut pas un instant la pensée qu'il lui fût permis de quitter les Orbes; la tâche de son cœur était là : elle consistait à veiller doucement sur Catherine. Il ne se demandait guère comment il gagnerait son pain. Le pauvre garçon ne se trouvait pas bon à grand'chose avec ses chansons et ses figures de bois, mais il était de ces contemplateurs de la nature qui pensent qu'elle nourrit tous ses enfants, et il ne s'inquiétait guère de l'avenir. L'avenir! c'était sa pensée bercée dans des rimes faciles ; c'était le soin du bonheur, de la santé, de la sécurité de Catherine. Après cela, il trouverait bien, en glanant, un peu de la manne que le bon Dieu verse sur la campagne, avec les fruits sauvages en été, avec les poissons de la rivière et les gibiers de la forêt. Il ne s'en allait pas tant pour chercher une grotte afin d'y passer la nuit, que pour relire pour la dixième fois deux lignes que

Catherine lui avait envoyées, et dans lesquelles elle lui disait qu'elle ferait revenir M. Clermont de son injustice, et qu'elle lui garderait toujours une part entière d'amitié.

Laubépin était déjà à un kilomètre des Orbes, quand il fut rejoint par un garçon des Deux-Alouettes, qui courait après lui.

— On t'attend à l'hôtel.

— Qui m'attend?

— Une dame. Ne me demande rien ; je suis payé pour ne pas te répondre.

Si invraisemblable que fût la supposition, Laubépin pensa que ce pouvait être Catherine.

Il revint sur ses pas, et se laissa conduire.

Au premier étage de l'hôtel, une galerie carrée courait autour des chambres et était ouverte extérieurement sur la cour. La nuit, cette nuit qui devait se remplir de tant d'événements, commençait à tomber. On ne remarqua pas la présence de Laubépin ; le garçon le mena au n° 2.

Il frappa.

— C'est moi! dit mistress Nancy ; il est inutile de vous étonner.

Laubépin aurait voulu fuir, mais la main de la jeune femme le retenait ; il n'osa pas être ridicule. D'ailleurs, il était bien sûr de ne pas oublier Catherine.

Il entra donc.

— Je vous ai bien ennuyé tout à l'heure, dit-elle.

— Ennuyé! répondit-il, embarrassé de répondre.

— J'ai tergiversé avec ce que je devais vous dire ; j'ai cherché à découvrir si quelque sympathie de votre part ne devancerait pas la déclaration que j'ai à vous faire. Rassurez-vous, reprit-elle gaiement, ce n'est point une déclaration d'amour.

Mistress Below était très-Anglaise dans cette chambre d'auberge : ses malles s'arrangeaient en paysage avec les rideaux verts qui les recouvraient ; le savon de Windsor évaporait son odeur saine. Elle avait ôté son costume de voyage et passé un peignoir qui promettait plus d'intimité ; ses cheveux châtains, déjà noués en tresses pour la nuit, roulaient en deux longs anneaux sur la toile blanche ; ses yeux, inquiets de ce qui allait suivre, jetaient aux bougies allumées leurs flammes bleues et languissantes ; son teint éblouissant peignait des émotions contenues. Laubépin se demandait ce que lui voulait cette belle jeunesse confiante, et il se sentait attiré.

— Madame, dit-il, ne prolongez pas une situation impossible. Je ne veux pas être odieux en ne répondant pas à une bienveillance qui ne m'a pas échappé ; mais j'ai des malheurs dans ma vie auxquels je me dois. J'en ai assez, madame, n'en ajoutez pas un de plus en me donnant quelques heures de cette amitié que votre berline m'enlèvera pour jamais demain !

— Vous êtes malheureux ! reprit-elle d'une voix émue.

— Oui, mais qu'importe ?

— Depuis peu de temps alors ; car, en conduisant vos chevaux ce matin, vous paraissiez plein d'espérance.

— Eh bien, depuis peu de temps, si vous le voulez !

— C'est une raison de plus pour que je me hâte. Je vais peut-être faire diversion à vos chagrins. Il n'est pas possible que, depuis l'enfance, vous n'ayez point fait quelquefois le rêve d'une famille ?

Laubépin tressaillit.

— J'ai rêvé à ma mère, madame ! s'écria-t-il. Me la rendez-vous ?

— Votre mère est morte.

Il chancela, et fut obligé de s'asseoir.

— Je ne demandais à Dieu que de la revoir une fois, dit-il.

— Si c'est une consolation pour vous, sachez que jusqu'au jour où elle a été rappelée, elle n'a point passé une heure sans prier pour son enfant perdu.

— Vous connaissez l'histoire de ma naissance, madame ? Parlez-moi de ma mère. Le reste m'est égal.

— Le reste, c'est moi ! dit-elle.

— Vous ?

— Je suis votre sœur !

Il se releva par un choc de l'électricité du cœur, et se précipita sur Nancy pour l'embrasser.

— Votre belle-sœur ! prenez garde ! dit-elle en se dégageant.

Il recula.

— Pardonnez-moi ! s'écria-t-il, j'avais cru que j'allais embrasser ma mère en vous !

Il salua mistress Below, et alla vers la porte.

Elle courut à lui.

— Mais je ne vous ai rien dit encore ?

— J'en sais assez ! répondit-il. Elle m'a aimé ! et elle est morte !

— Je comprends ! pour vous cela suffit ! mais moi, j'ai un devoir sacré ! Revenez !

il se rassit tristement.

— J'ai épousé votre frère! reprit-elle.

— Ah! j'ai un frère! Et pourquoi n'est-ce pas lui qui est venu? Pourquoi a-t-il tant tardé?

— Il ne vit plus! répondit Nancy.

— Et vous venez ainsi pour m'apporter tous ces deuils?

— Écoutez-moi! Je suis innocente de ces calamités et de ces fautes! Votre frère avait un an de moins que vous. J'ignorais votre existence. Il était brun. Il vous ressemblait tant, que sur la seule indication du village où l'on vous avait recueilli, je suis venue à vous, et je vous ai reconnu. Ce fut un mariage d'amour, Votre mère, dont je porte le nom, vivait avec nous. Par respect pour elle, sans doute, Harry ne m'avait point parlé de vous. Un jour, il était malade, il me raconta cette tristesse. Sa mère avait aimé avant son mariage, puis elle était venue en France, puis elle s'était enfuie, laissant son enfant. Il ne me dit rien de plus. Comme je sentais que cette conversation était une douleur et un épuisement pour lui, je ne le pressai pas de questions. Mais, malgré moi, je pensais souvent à ce frère abandonné. La mère s'en alla la première. Elle mourait de ne pas vous avoir vu. Je l'avais entendue quelquefois dans sa chambre sur son prie-Dieu : « Comment vous le recommander, Seigneur? disait-elle. Je ne sais pas son nom! » Harry la suivit bientôt. Deux heures avant l'agonie, il me reparla de vous. Il me dit tout alors : la ville où vous aviez été exposé, le numéro sous lequel vous étiez inscrit. Il avait écrit, il savait que vous viviez. Vous étiez son remords, monsieur! S'il vous avait fait venir, comme c'était son devoir, vous auriez partagé avec lui sa fortune. Hélas! les nécessités du luxe le retinrent! Puis il était si jeune! il avait tant d'années pour réparer! Enfin il mourut, lui pardonnez-vous?

Laubépin prit la main de Nancy et la serra.

— Ce que j'ai à vous dire maintenant est bien terrible! reprit-elle.

— Je suis préparé, dit-il.

— Aux derniers moments, Harry m'attira sur son cœur : — Me promettez-vous de faire ce que je vais vous demander? dit-il. Je promis. — Nancy, je vous aime, et je suis jaloux! J'aurais une joie posthume, si je savais que vous ne vous remarieriez jamais! Ce serment, Dieu le condamnerait! Faites-m'en un autre. Je vous laisse ma fortune, mais sous la réserve que vous la partagerez avec mon frère. Cherchez-le, et s'il est digne de vous, épousez-le. La pensée que vous serez heureuse autrement que par moi me fait du mal, mais cette douleur que j'emporte expiera peut-être ma faute! — Voilà ce qu'il m'a dit et ce que je devais vous répéter.

Ayant ainsi parlé, elle détourna la tête.

— Vous vous nommez Nancy, n'est-ce pas? demanda Laubépin.

— Oui.

— Et vous avez pensé que vous pourriez me confier votre vie?

— Dans la courte conversation que nous avons eue, j'ai cru entendre parler un noble cœur.

— Nancy, dit-il, je vous remercie au nom de ma mère.

Elle respira plus doucement.

— Et votre fortune s'élève?

— A deux mille livres par an; j'ignore ce que cela fait en France, répondit-elle surprise.

— Peu importe! Cette moitié de votre fortune, je l'accepte.

Nancy rougit de bonheur.

— Et je vous la rends! reprit-il.

— Comment cela?

— N'en ai-je pas le droit? Ne puis-je pas donner à ma sœur?

— Ce n'est pas ainsi qu'Harry l'a entendu. J'ai eu le dépôt, mais non pour le reprendre.

— Nancy, dit-il, je n'avais qu'une façon de l'accepter. Rappelez-vous ce que je vous ai dit ce matin. Je ne le puis pas.

Mistress Below sembla un peu irritée.

— Pour notre union, ce n'est pas à moi d'insister; mais pour ce qui concerne l'argent... il est à vous. Harry serait affligé dans sa tombe si vous refusiez.

— Soyez indulgente, et que je ne vous semble pas impie! Je ne m'appartiens point! Si j'avais rencontré plus tôt votre grâce et votre bonté, je n'aurais rien demandé de plus à Dieu. Mais ma destinée est faite. Je dois rester ici : je dois continuer à travailler pour suivre mes penchants. Je suis né dans le peuple, sinon du peuple. J'aime l'horizon qu'on a d'en bas; je n'ai jamais regardé plus haut. Si je ne parle pas entièrement comme mes camarades, je pense comme eux. La richesse m'amoindrirait en me faisant oisif.

— Ne dites pas ainsi, vous sauriez être utile avec cet or!

— La seule utilité dont je puisse être s'applique, je n'ose presque pas m'exprimer de la sorte quoique ce soit vrai, s'applique à une protection mystérieuse. De la modeste place où je suis je puis la défendre, je ne le pourrais pas ailleurs! Ne me plaignez pas de cet amour! Il est sans espoir; je ne me pardonnerais pas d'espérer! mais avec ses amertumes et ses craintes, il suffit à remplir mon âme et à la faire battre.

Mistress Below resta pensive et anxieuse.

— Il est donc établi, reprit-elle, que nous ne nous reverrons plus, et que, malgré les liens qui sont entre nous, nous demeurerons étrangers et indifférents?

— Je vous écrirai, et plus tard j'irai en Angleterre visiter deux tombes.

— Pas autre chose? dit-elle très-émue.

— Ah! si vous consentez à me reconnaître!...

— Venez bientôt! je vous attendrai, dit mistress Nancy. Voilà mon adresse; et elle écrivit une ligne que Laubépin embrassa.

— Quel est cet enfantillage? reprit-elle.

— Je baise le nom de ma mère.

Elle se leva, et alla à la croisée.

— Et celui de ma sœur, ajouta-t-il.

— Je partirai demain matin. Sera-ce trop de vous demander de me conduire?

— Je ne suis plus à la poste.

Mistress Below avait ouvert la fenêtre qui donnait sur la route. Elle ne se trouvait pas bien dans l'air de cette chambre où elle avait espéré entendre d'autres paroles.

Elle appela Laubépin.

— Il se passe quelque chose d'extraordinaire ici, reprit-elle. Venez donc voir?

C'était la nouvelle qui montait de la rue, et qui mettait les habitants sur chaque porte.

Laubépin s'avança à la fenêtre.

Il écouta.

— M. Clermont vient d'être assassiné! criait-on.

Laubépin poussa un cri, et sans avoir rien dit à mistress Below, en une seconde, il fut dans la rue.

— C'est un pays de malheur! murmura-t-elle; je n'y resterai pas.

Elle sonna et demanda des chevaux pour le lendemain à dix heures.

XVII

Adèle avait été très-épouvantée par tout le tumulte qui avait passé le soir devant sa maison. Elle chargea Jules Mortagne de prendre des informations.

C'était une mauvaise affaire pour elle, cette mort! Clermont était si riche, et l'aimait tant! Mais après tout, elle en avait déjà tiré une maison, et Jules succéderait à Étienne. Comme elle avait peur, avec cette catastrophe dans la mémoire, elle pria Jules de rester auprès d'elle toute la nuit.

— Je ne peux pas, dit-il, papa vient tous les soirs dans ma chambre pour voir si je dors.

— Tu es bien enfant, répondit-elle; prouve une fois pour

toutes à ton père que tu as vingt ans, et que tu n'as plus besoin d'une bonne.

Et elle embrassa Jules sur les yeux, ce qui fit qu'il oublia de rentrer.

Les émotions qu'elle avait eues portèrent Adèle à s'endormir. Jules veillait, lui; il n'était nullement rassuré sur les conséquences de son escapade. Il se leva.

M. Mortagne venait faire sa visite à son fils sur les minuit. Jules regarda sa montre à la lune : il était onze heures. Il avait le temps de se mettre dans son lit, pour que son père ne soupçonnât rien, et de revenir ensuite chez Adèle.

Il descendit, prenant de grandes précautions, afin que l'escalier de bois ne craquât pas trop sous ses pieds.

Il passa par le chemin qu'Étienne avait pris souvent, c'est-à-dire la fenêtre basse, l'ancien cimetière et les vignes. De là il devait regagner la rue.

La nuit s'était épurée. La lune brillait. Jules avait bien un peu peur en traversant ces lieux où un meurtre venait d'être commis. Il se hâtait.

Il vit scintiller quelque chose sous un cep. Cette chose avait un reflet jaune et miroitant.

Jules se demanda, dans son imagination poussée à la folie par les brises nocturnes, si ce n'était pas un des yeux de Clermont qui était sorti de son orbite et qui le regardait.

Mais sous un autre cep il vit un miroitement semblable.

Il n'était pas tout à fait poltron. Il avait appris qu'en se rendant compte de ses épouvantes, on les atténue; il se baissa : il mit la main sur une pièce d'or.

Puis, à deux pas plus loin, il en trouva dix, qu'il ramassa.

— Ceci pourra aider à la recherche du crime, pensa-t-il ; le misérable qui a tué Clermont a cherché à le dévaliser, puis, surpris sans doute, il a jeté l'or par le chemin.

Jules sortit de la vigne.

Nous avons dit déjà que la maison de M. Champanelle était très-près de celle de M. Mortagne. Les croisées du salon donnaient sur la rue.

Jules fut étonné en passant de voir de la lumière dans le salon : le docteur était trop faible pour veiller tard. Jules s'arrêta par curiosité et regarda.

M. Champanelle, parfaitement certain d'être seul, examinait un revolver sous la lampe.

Jules connaissait cette arme ; elle n'était pas encore commune en France ; Étienne avait eu une des premières. Le jeune homme frémit ; il ne pouvait pas se tromper ; c'était le revolver d'Étienne ; il l'avait vu vingt fois chez lui ; comment se trouvait-il dans les mains du docteur ?

L'arme longtemps étudiée, et après en avoir fait jouer les batteries, M. Champanelle la plaça dans un secrétaire auquel il laissa la clef, puis il passa dans une chambre du fond, et la lumière avec lui.

Jules n'apprécia pas l'importance de cette découverte ; il avait perdu son temps ; il se dirigea vers la maison de son père, monta l'escalier, et se coucha. Cette comédie de l'innocence lui répugnait, mais M. Mortagne était si bon que son fils n'avait jamais osé se révolter contre une sévérité qui ne s'appliquait qu'aux convenances. Jules avait entendu sonner minuit à la cuisine ;

M. Mortagne ne paraissait pas. Le jeune homme attendit longtemps ; l'impatience le tenait éveillé. Enfin, quand il put présumer que la visite de son père lui serait épargnée, il s'habilla, fit encore moins de bruit dans cet escalier que dans celui d'Adèle, referma toutes les portes et courut rejoindre sa maîtresse.

Au petit jour, Adèle réveilla Jules.

— Il faut partir, dit-elle, les ouvrières vont venir.

Jules se releva encore, et d'assez mauvaise grâce :

— Quel moyen pourrait-on inventer pour ne pas être dérangé ainsi ?

— Un moyen bien simple, tu n'aurais qu'à m'épouser.

C'était une parole audacieuse ; mais Adèle ne risquait rien en la jetant comme jalon d'essai dans l'avenir ; elle songeait sérieusement à faire un dénoûment ; elle avait bien amené M. de Pondhuy à lui proposer d'être marquise, elle réussirait bien à forcer Jules à la supplier de devenir notairesse.

— Tiens ! reprit-elle, après avoir jeté les yeux par hasard sur la cheminée où Jules avait vidé sa poche, je ne savais pas que tu eusses tant d'or !

— Et si tu l'avais su ? demanda Jules, qui se trouvait en veine de générosité.

— Je t'aurais demandé vingt francs pour les donner au père Privat, qui m'a fait mal au cœur hier matin.

— Prends-les, dit Jules ; au surplus, ceci ne m'appartient pas ; c'est une histoire. Et il raconta à Adèle comment il avait ramassé ces pièces d'or pendant la nuit, pour les rapporter à madame Clermont.

Adèle devint songeuse.

— C'est bien drôle tout de même ! dit-elle ; je mettrais ma main au feu que M. Clermont, en me quittant hier, n'avait rien sur lui.

— Mais, reprit Jules, je n'ai pas pu m'arrêter hier ; il y en a peut-être encore ; allons-y voir.

— Le plus souvent que je te laisserais ainsi rôder dans les vignes auprès de ma maison, pour me compromettre ! D'ailleurs, tu es riche, et ça ne te profiterait guère, tandis que moi...

— Écoute un bon conseil, Adèle : j'ai fait mon droit, et je sais ce qui t'arriverait si tu ramassais cet or. Ne va pas là-bas ; c'est inutile de te faire tenter.

— Tu as raison, mon petit Jules ! il n'y a que l'argent du travail qui rapporte ; d'ailleurs, j'ai sommeil. A ce soir !

Elle retourna contre la ruelle sa jolie tête éveillée ; Jules alla faire sa quatrième installation.

Dès qu'il fut parti, elle se vêtit à la hâte, regarda par toutes les fenêtres, prit son cabas et sortit par le vieux cimetière.

Elle n'avait pas fait dix pas dans les vignes qu'elle aperçut des louis reluire de tous les côtés sous l'aurore.

Elle eut un instant de vertige. Qui pouvait avoir amoncelé là tant de richesses? Qui est-ce qui avait éparpillé une fortune dans ces vignes? Elle ne se donna pas le temps de la réflexion ; elle se baissa, elle jeta furtivement l'or dans son cabas. Elle en avait déjà ramassé pour mille francs, quand elle entendit un bruit dans le rang de vignes ; elles avaient encore toutes leurs feuilles, et elles étaient hautes. Il était évident que quelqu'un cherchait comme elle et se dissimulait. Elle se blottit aussi ; elle était au pied d'un cep très-grand. Comme on ne remuait plus de l'autre côté, elle hasarda sa tête; au-dessus du cep, sa figure en avait rencontré une qui avait fait le même mouvement qu'elle; cette figure devint très-pâle; c'était celle de M. de Pondhuy.

Ils se récrièrent tous deux de surprise.

— Je ne vous croyais plus dans le pays, dit-elle; que faites-vous là si matin!

— Je venais voir si les raisins étaient mûrs, répondit-il.

— Et pourquoi avez-vous ce grand sac? Confessez-moi la vérité, et nous travaillerons de conserve.

— Adèle, vous n'êtes pas une mauvaise fille; laissez-moi faire ma récolte ici, j'en ai besoin.

— Et moi donc! A deux de jeu, monsieur le marquis; nous partagerons.

Il la regarda en face.

— Vraiment, vous consentez! C'est que vous avez bien quelques droits à cela, Adèle! Et moi aussi, du reste. Je n'ai plus un sou de l'argent Montbarrey.

— Des droits! J'ai ceux de ma trouvaille, comme vous les vôtres!

— Vous ne savez donc rien?

— Ce sont des étoiles qui sont tombées du ciel cette nuit.

— Ne plaisantez pas, reprit-il. Me promettez-vous de devenir ma femme si je vous apprends ce qui en est?

— Ma foi non! ma curiosité me coûterait trop gros.

— Mais c'est très-intéressant pour vous: je ne savais pas que votre grand-père fût riche.

— Mon grand-père!

— Comme Rothschild. Mais pardon, vous ne connaissez point...

— Mon grand-père riche ! reprit-elle un peu plus hésitante ; pourquoi me blaguez-vous ?

— Sachez donc tout ; mais serez-vous madame de Pondhuy ?

— Que vous êtes entêté ! Je serai ce que vous voudrez.

— Eh bien !... mais ceci entre nous...

— Parbleu ! si vous croyez qu'il y a de quoi tant se vanter !

— Hier soir le père Privat a ouvert sa fenêtre ; moi, j'étais là, regardant votre maison.

— Que vous voudriez avoir ? je le sais.

— Le bonhomme devient fou ; il a jeté de l'or à pleines mains par les vignes.

Adèle verdit ; ses dents claquèrent à se briser ; elle avait compris.

— Et cela pendant une heure ! continua M. de Pondhuy.

— Ruinée ! cria-t-elle ; est-ce bien possible !

— Mais au contraire, puisqu'il est riche à millions.

Elle se retourna vers M. de Pondhuy, et voulut lui arracher son sac qu'il tint avec vigueur.

— Tout cela m'appartient ! hurla-t-elle. J'avais déposé ma fortune chez mon grand-père. Ah ! le gredin !

— Votre fortune !

Elle s'élança vers la masure. Elle était si tremblante qu'à chaque pas elle se soutenait aux branches qui cassaient.

— Venez avec moi, dit-elle, je ferais un mauvais coup.

Ils arrivèrent. Il ne faisait presque pas clair dans la chambre.

Le père Privat était couché.

Il se retourna au bruit, et, reconnaissant Adèle, il lui dit d'une voix calme :

— Tu viens à propos, ma fille, je vais mourir.

Elle s'arrêta, trouva que son grand-père avait mauvais visage ; mais retournant vite à sa préoccupation :

— Il ne s'agit pas de cela, dit-elle. Où est le paquet que je vous ai remis ?

Et en même temps elle regarda sous le lit, et se disposait à soulever les planches.

— Ne cherche pas, reprit le vieillard, j'ai tout anéanti !

— C'est donc vrai, s'écria-t-elle en se précipitant sur lui les mains en avant ; c'est donc vrai que vous êtes un voleur et un assassin ?

M. de Pondhuy la retint par le milieu du corps, et l'éloigna violemment du lit.

—Laissez-la s'approcher, monsieur ; je n'ai plus que quelques instants à vivre ; elle peut bien les abréger si ça la soulage.

— Ah ! folle que j'étais ! reprit-elle en se débattant ; j'ai remis tout mon bien à un idiot, qui n'a pas su connaître ce qu'il valait.

—J'ai compté ton or pièce à pièce et tes rentes billet à billet, et comme j'ai vu à leur nombre qu'ils étaient venus de la mauvaise manière, j'ai tout jeté et tout brûlé.

Adèle, dominée par son ressentiment et par sa rage, se livra elle-même :

— Mais vous ignorez donc ce qu'elle m'avait coûté cette fortune ? que je l'avais gagnée à mentir, et que le mensonge fait bien mal à produire ; que je les ai tous trompés, à commencer par ce marquis qui est là ; que mes caresses, mes serments et mon jeune amour, rien ne sortait de mon cœur ; et qu'enfin je me suis assez humiliée et j'ai assez souffert pour avoir le droit de conserver mon salaire !

Privat la regardait d'un air attendri.

— Pauvre enfant ! lui dit-il, à l'heure qui sonne pour moi, on n'a plus de haine ni de mépris, et je ne sais plus que te plaindre. C'est peut-être par ma négligence que tu as été égarée. Si je m'étais occupé de toi davantage, si tu avais eu un mari de mon choix, tu aurais été sauvée par l'amour.

Cette simple parole, en relevant Adèle devant sa conscience, arracha une minute à son ressentiment.

— Vous croyez donc, dit-elle, que j'aurais pu aimer, moi ?

— Et être une honnête femme. Notre sang n'est pas vicieux ; c'est ton isolement qui l'a corrompu. Par malheur, dans la vie que tu as menée, il ne t'est pas venu d'enfant. L'enfant aurait été ta honte et aussi ta bénédiction. Tu n'aurais pas voulu qu'il pût te repousser un jour. Et moi qui étais ta seule famille, je n'ai pas eu de pitié pour ta jeunesse, j'ai été cruel pour ta première faute. Si j'avais pardonné la première, la seconde n'aurait pas été commise.

Adèle entendait avec remords son grand-père l'accuser et lui parler sans reproches. Elle se sentit prise de quelque chose qu'elle ignorait depuis l'enfance : d'une émotion douce. Elle s'approcha du père Privat et arrangea son oreiller, puis elle reprit timidement :

— Vous disiez tout à l'heure que j'étais égarée, c'est perdue que vous avez pensé dire ?

— J'ai dit égarée. On n'est jamais perdu ; on peut toujours se retrouver en Dieu. Moi, je vais à lui, ma fille ; je prierai pour toi !

— Vous ne vous en irez pas comme cela, dit-elle. Il me paraît que je vous affectionne à cette heure. Je demeurerai près de vous, je vous soignerai ! Vous vivrez, mon grand-père !

— Tu me pardonnes donc ? dit-il inquiet.

Elle frissonna, pensa à ses ressources détruites, à la richesse qu'elle avait eue ; mais le mouvement attendri qui la tenait durait toujours. Elle se mit à genoux devant son grand-père :

— C'est à vous à me pardonner ! reprit-elle ; mais vous ne me ferez pas cette grâce !

Privat étendit ses mains tremblantes sur la tête d'Adèle, puis il les retira comme frappé de terreur.

— L'approche de la mort obscurcit les yeux, dit-il. Ces cheveux, on dirait... Ouvrez le volet, s'il vous plaît, monsieur le marquis.

M. de Pondhuy qui n'avait encore rien dit, crut devoir, — moitié par attendrissement, moitié parce qu'il supposait qu'il restait des bribes à Adèle, — faire cette phrase en allant ouvrir.

— Adèle sait ce que je lui ai offert. Je ne retire rien. Il n'y a d'absolument détruit que les billets de banque. Une fois son mari, je surveillerai sa fortune.

— Son mari ! répondit Privat.

— Je ne m'en dédis pas !

Le volet était ouvert.

— Voudrez-vous d'elle encore, monsieur le marquis ! Regardez !

M. de Pondhuy s'approcha.

— Elle a les cheveux blancs! répondit-il en reculant.

Adèle poussa un cri terrible. Puis, courant à un miroir qui était au mur sur une table, elle l'arracha, se contempla, et le brisa avec rage. Mais bientôt, revenant doucement au pied du lit :

— Bénissez-moi toujours, mon grand-père! dit-elle. Je gagnerai honorablement du pain pour nous deux.

— Ce ne sera pas long pour moi! reprit Privat. Je serai mort avant midi.

M. de Pondhuy sortit. Il s'arrêta dans les vignes.

Adèle resta. Privat fut fidèle au rendez-vous qu'il avait donné à la mort.

La secousse de la veille, son martyre, ses longues années avaient épuisé ses forces.

A l'Angélus de midi, à côté du prêtre qu'elle avait fait venir et du vieillard auquel elle venait de fermer les yeux, Adèle, plus étrangement jolie avec ses cheveux de neige, priait, pour la première fois, depuis qu'elle n'était plus enfant.

A la même heure, M. Mortagne montait à la chambre de Jules.

— Mon ami, lui dit-il, je ne suis pas un père inflexible et sans mémoire de sa jeunesse; mais tu vois où conduisent les liaisons avec certaines femmes. Il n'est pas prouvé que M. Clermont n'a pas été assassiné par un des amants de la Magny.

— Que voulez-vous dire, mon père ?

— Que tu as tort d'aller chez cette créature.

Jules, qui ne souciait pas de paraître le collègue d'un assassin, ne voulut rien avouer.

— Je n'y vais pas ! dit-il.

— Tu y étais cette nuit.

— Je vous assure !

— On t'y a vu !

— La preuve que je n'y étais pas, c'est qu'en rentrant, à onze heures, j'ai vu de la lumière chez M. Champanelle.

— Qu'est-ce que cela démontre ?

— Attendez ! M. Champanelle serrait dans son secrétaire le revolver de M. Clermont.

— Tu as vu cela? s'écria vivement M. Mortagne.

— Vous pouvez aller vérifier ; il est dans son secrétaire, à droite.

— Je te pardonne tout alors !

Et M. Mortagne sortit joyeusement.

XVIII

Dès le matin le procureur du roi et le juge d'instruction arrivèrent. Ils étaient établis à la mairie.

On constata que Clermont était mort d'une balle dans la poitrine.

Les magistrats recueillirent tous les bruits qui couraient.

Ils demandèrent M. de Montbarrey et Catherine.

M. Champanelle fut aussi appelé.

Catherine avait passé une nuit affreuse.

Ce n'était pas encore tant le spectacle de ce qui se passait dans sa maison et de ce drame où elle se trouvait mêlée, ni cette mort d'Étienne, si douloureuse qu'elle fût ; ce n'étaient pas ce cadavre, ces magistrats qui l'épouvantaient : c'était autre chose.

Elle se repentait de sa vertu !

Pour que la vertu soit sainte, il faut qu'on ait douté de sa sainteté.

Et elle doutait.

Si elle avait été à M. de Montbarrey, aucun de ces malheurs ne se serait présenté.

Comme elle aurait trompé son mari, elle aurait su le retenir par les artifices nécessaires, et il n'aurait pas eu de maîtresse.

M. de Montbarrey eût passé ses soirées avec elle, à supposer qu'Étienne eût continué à aller chez Adèle. Le duc ne serait point monté à la masure de Privat, ou elle y eût été avec lui, et aurait empêché que ce coup de feu ne fût tiré.

Il n'était pas admissible qu'elle n'en n'eût pas reconnu l'imprudence.

Si elle eût souri aux propositions de Champanelle, ou qu'elle se fût contentée de ne pas s'indigner, et de l'amuser par des coquetteries, Tiburce ne lui aurait pas arraché le salut de Pauline, et ne le trouverait pas à présent comme ennemi implacable.

Enfin, au lieu de sanglots, sa maison serait pleine de sourires !

Le devoir lui avait coûté son mari; sa fille sans père; Laubépin sans asile; M. de Montbarrey éloigné pour toujours.

Elle se dit alors que, dans une société qui fait une place aussi large au désordre, ceux qui tentent de pratiquer la loi divine ne produisent autour d'eux que confusion et périls.

Et elle repensa à Tiburce! son entraînement vers lui avait été si soudain, qu'il eût été plus respectueux pour la nature de ne pas s'en défendre, et de laisser aller son cœur du côté où il s'échappait! Avec ses rigueurs et ses réserves alarmées, elle avait rejeté de son âme ce germe qui y était tombé, et qui y eût fait éclore le bonheur, l'extase, l'oubli de tout dans l'union! Et l'étincelle avait suffi pour l'embraser, et l'incendie avait été allumé, quoique le brandon eût été arraché, et elle se sentait consumée par cet amour qui ne s'éteindrait pas! Un hasard, né de ses conseils, ferait désormais de la présence de Tiburce sous son toit un sacrilége, et de son souvenir un blasphème! Et ainsi anéantie dans les regrets de l'impossible, elle passerait ses jours à désespérer, elle ne se trouverait plus soulevée par ses aspirations vers le bien, elle se repentirait de sa douleur, et elle maudirait au lieu d'aimer! Ah! si le sacrifice avait été impiété! et sa vertu, folie!

Catherine s'était roulée toute la nuit dans ces amertumes et dans ces doutes. Mais le matin arrivait: on lui avait déjà dit que le procureur du roi l'attendait à dix heures : elle devait s'apprêter et porter sa douleur en public.

Le ciel était bas, comme la veille; il avait plu à la fin de la nuit, et un brouillard cachait la montagne et ternissait les vitres. Des bruits sinistres retentissaient dans le corridor, des pas curieux glissaient sur les carreaux : les postillons étaient venus un à un voir le cadavre de leur maître, et les enfants des fermes avaient pleuré. La cloche de l'église tintait depuis l'aube, et les paroisses voisines, dans lesquelles M. Clermont avait des biens, répondaient de loin et envoyaient des sons mouillés par la brume; les hirondelles, préoccupées de ces bruits, venaient battre contre les murs ; Jeannette avait été chercher la robe de deuil que Catherine avait usée à la mort de son père, et cette toilette funèbre l'attendait sur une chaise ; Pauline avait tout appris par les mots échappés, et criait, et disait qu'elle avait peur de papa qui était mort. Tout prenait une teinte sinistre autour de Catherine. Cette tristesse la sauva.

Elle écouta dans la maison, elle regarda au dehors ; elle se remplit de toutes ces désolations, et elle alla tomber devant une petite image du Christ.

— C'est donc cela qui est la vie ! pensa-t-elle. C'est donc cette ombre que nous appelons nos jours ! Et moi qui pleurais tout à l'heure de ce qu'ils ne fussent pas pleins de rayons ! moi qui me plaignais de n'avoir pas de joie ! Non, Seigneur ! vous avez fait notre demeure triste, pour que nous songions à l'autre demeure que vous nous préparez ! Vous avez peu éclairé la terre, pour que nos yeux cherchent toujours la splendeur qui est plus haut ! Ces ténèbres d'en bas, cette demi-teinte à peine versée, assez lumineuse pour que nous y voyions nos rêves, mais trop glacée pour qu'ils puissent y éclore ; ces désirs continuels de l'entrevu et de l'infini ; ces parts étroites faites à nos bonheurs; ces événements qui arrivent à nous comme des joies, et qui se retirent comme des douleurs; ces regrets, ces désespoirs, ces coups frappés, tout cela, ce sont autant de bienfaits ! Vous avez voulu que nous gagnions notre immortalité par les épreuves de ce rapide voyage lamentable, et de la résignation que nous vous offrons, vous faites en souriant, ô Père, notre récompense !

Catherine se releva fortifiée et presque sereine. Elle mit ses vêtements noirs, recommanda à Jeannette de distraire l'enfant, et descendit pour voir une dernière fois Étienne.

Mais la salle était vide. On était venu chercher le cadavre pour le porter à la mairie. Catherine écouta : les pas réguliers et lourds de ceux qui l'emportaient retentissaient sur la route.

A travers tous ces déchirements, elle s'était étonnée plusieurs fois que Laubépin n'eût pas essayé de la voir.

Étienne avait laissé la veille sa montre sur la table. Elle marchait encore. C'était l'heure de partir.

Elle voulut aller seule. Elle traversa le jardin, et ouvrit au fond une petite porte qui, par deux tournants de ruelle, la conduisit, sans qu'on l'ait vue, à la *mairerie*, comme disaient les habitants des Orbes.

Ce n'était pas un jugement, mais seulement une enquête sommaire. Le parquet tenait à recueillir le plus de témoignages possible ; on avait laissé les portes ouvertes.

La chambre commune était pleine.

Elle ouvrait sur la route. Tous les paysans vinrent tour à tour voir Étienne étendu sur une table.

M. Champanelle avait été entendu le premier. Il répéta ce qu'il disait la veille au café. Il ajouta, en constatant la blessure, que la balle venait de plus de vingt-cinq pas, et qu'à travers tout l'imprévu de ce drame il était profondément à regretter que M. Clermont fût mort sans aucun des secours de la religion.

M. Mortagne demanda à être entendu.

— Tout à l'heure, répondit le juge d'instruction.

— Ce que j'ai à dire est de la dernière importance.

— Nous n'intervertirons pas l'ordre dans lequel les premiers témoignages se sont produits.

— A moins toutefois que M. Mortagne n'ait assisté à toute la scène, dit le docteur qui savait que le notaire n'était sorti de sa maison qu'après lui.

M. Mortagne dut se rasseoir.

Tiburce fut introduit.

Madame Clermont entrait dans la salle.

Un mouvement de pitié resserra les cœurs. Le procureur du roi jeta son manteau sur Étienne.

Tiburce tressaillit.

Mais, dans un autre coin de la salle, un autre cœur battait plus que celui de Tiburce. Laubépin était là, ne perdant pas un mot.

Du nombre de ceux qui trouvent que, dans les moments où il convient d'agir, les paroles sont inutiles, il n'avait pas été trouver Catherine, il la consolerait autrement. Il se réservait.

M. Champanelle avait terminé sa déposition pleine d'insinuations. Tiburce s'avança.

— Qu'avez-vous à dire, monsieur de Montbarrey? demanda un des magistrats.

— Monsieur, répondit Tiburce, hier, à neuf heures du soir, j'étais chez un vieillard nommé Privat. Sa maison est dans les vignes. Le malheureux souffrait tellement des blessures reçues à l'armée, qu'il pensait au suicide et avait même préparé son fusil. J'ai obtenu qu'il me le remît, je l'ai déchargé par la fenêtre. J'ai tiré très-vite dans la nuit et de façon à ce que le coup portât à terre. La fatalité a voulu que M. Clermont, dont j'étais l'ami et dont j'ai été l'hôte longtemps, fût au même moment agenouillé au bas des vignes. La balle l'a-t-elle atteint? Je ne le crois pas. Ce malheur est-il dû au hasard? Dieu seul le sait. En tout cas, je suis coupable d'imprudence, et si la responsabilité de ce malheur m'est attribuée, je l'accepterai.

La simplicité de ce langage impressionnait favorablement les juges. L'auditoire était gagné dès cet instant à M. de Montbarrey.

— On entendra le nommé Privat, dit le procureur du roi, et si sa déposition est conforme à celle de M. de Montbarrey, dont la réputation est faite, nous ne pensons pas que les circonstances déterminent suffisamment sa participation à cet événement.

— Le père Privat est mort ce matin, dit une voix.

Catherine et Tiburce reçurent la même impression désolée.

— Il n'y avait personne autre dans la cabane? demanda le magistrat à Tiburce.

— Personne.

— Je prie M. le juge d'instruction d'interroger M. de Montbarrey pour savoir s'il n'avait pas des rapports d'intimité avec madame Clermont.

— Misérable! s'écria Tiburce ne se contenant plus et se tournant vers M. Champanelle.

— Monsieur, lui dit le juge, prenez garde! vous êtes devant la justice.

— Je voudrais qu'on demandât aussi à M. le duc si madame Clermont ne l'avait pas engagé à aller le soir même chez le père Privat, continua le médecin.

— Monsieur, est-ce vous qui dirigez l'instruction? lui répondit le magistrat.

— Je l'éclaire.

— Elle n'a pas besoin de vos lumières qui lui paraissent suspectes.

Champanelle se mordit les lèvres.

— Et vous, madame, reprit le juge, quelque douloureux qu'ils soient, rappelez vos souvenirs.

Catherine s'avança chancelante.

— M. Clermont s'était-il attiré quelque inimitié?

— Aucune.

— Avait-il quelque pressentiment d'un danger pareil, à supposer que cette mort soit un meurtre ?

— Pas que je sache.

— Au fond de l'âme, vous ne soupçonnez aucune vengeance?

— Non, monsieur.

— Retirez-vous, madame.

Catherine, depuis quelques instants, semblait en proie à la fièvre. On eût dit qu'elle luttait contre une résolution désespérée, et qu'un sentiment plus fort que sa raison la poussait à faire un acte public.

— Je n'ai pas fini, dit-elle.

— Parlez, madame.

— Il a été prononcé ici des paroles qui pourraient être commentées et retomber sur ma dignité. Je n'ai pas d'ami plus dévoué et plus fraternel que M. de Montbarrey. Il est mon conseil, et la voix pour ainsi dire de mon honneur. Mais je dois un sacrifice, le plus immense que je puisse faire, à la mémoire de mon mari et à mon deuil : je prends l'engagement solennel et devant tous de ne revoir jamais M. de Montbarrey jusqu'à ce qu'il soit prouvé que M. Clermont n'a pas été frappé par la fenêtre de la maison des vignes.

Catherine ne put achever, un flot de larmes coupa ses paroles.

Toutes les femmes pleuraient aussi : les hommes, sans comprendre tout, devinaient qu'il y avait là l'élan d'une grande âme. Tiburce maudissait et admirait. Champanelle trouvait que son bras allait mieux.

M. Mortagne s'avança ; il regarda si fixement en passant le médecin qu'il lui fit baisser les yeux.

— C'est à mon tour, maintenant, dit-il.

— Nous vous écoutons, dit le juge.

Une voix partit du fond de l'auditoire.

C'était la voix de Laubépin. Il fit quelques pas : il était d'une pâleur de marbre qui le rendait plus beau. Son accent ne tremblait point, et laissait toute l'énergie à sa parole.

— Madame Clermont peut revoir M. de Montbarrey, dit-il, je lui apporte le nom du meurtrier de son mari.

La foule palpita, les respirations manquèrent : le passage fut laissé à Laubépin presque avec respect.

Catherine frémissait.

— Que savez-vous? demanda le juge ému lui-même.

Laubépin regarda Catherine, comme s'il avait bu le ciel avec ce regard, et dit tranquillement :

— Ce nom est le mien! le meurtrier, c'est moi!

Une incrédulité foudroyante se mêla à la stupeur. Laubépin était aimé.

M. Champanelle blanchit de colère contre cette intervention qui gâtait tout.

M. Mortagne se retint.

Catherine revint, et s'écria avec énergie en prenant le bras de Laubépin et en montrant son front du doigt :

— Il ment!

Ces deux mots auraient payé Laubépin.

Il dessina un sourire.

— Interrogez-moi, monsieur, dit-il.

— C'est à vous à parler puisque vous vous livrez!

Il dit ses noms. Il voulait prendre un gage contre un retour de la vérité, et être assez compromis pour que Catherine n'eût plus un doute. Il invoqua son témoignage.

— M. Clermont m'a chassé hier, sans motifs et violemment; madame Catherine pourra le dire.

— Est-ce vrai? demanda le juge.

Elle ne répondit pas.

— L'affront avait été sanglant et public. Je résolus de ne pas retarder ma vengeance. Je savais que M. Étienne irait chez la Magny.

— A quelle heure êtes-vous entré dans la vigne?

— A sept heures. J'attendais le départ de M. Étienne. Je le

vis sortir; il s'agenouilla pour ramasser sa pipe qui était tombée. Je tirai.

— Avec quelle arme?

— Avec ce pistolet.

Il déposa un pistolet sur la table.

— Examinez son calibre. Les balles de ce canon s'adaptent à la blessure.

— On dirait que vous avez hâte d'aggraver votre position!

— Comme j'ai eu hâte de me venger!

— Quelqu'un vous a-t-il vu?

— Oui.

— Vous le nommez?

— Dieu!

Toutes ces phrases saccadées et nerveuses tombaient si pressées et si sobres dans l'auditoire qu'elles imposaient la conviction. Cependant le juge avait un scrupule.

— M. de Montbarrey, dit-il, reconnaît qu'à la même heure il a déchargé un fusil. L'avez-vous entendu?

— Non!

— Comment expliquez-vous cette circonstance?

— Nos coups ont dû partir en même temps. Il est probable que M. le duc s'est étonné du bruit de cette détonation qui était double sans qu'il s'en doutât.

— Avez-vous fait cette remarque? demanda le magistrat.

— Je l'ai faite, répondit M. de Montbarrey.

— Où vous êtes-vous procuré cette arme?

— Chez mon père nourricier, je l'ai depuis sa mort.

— Aviez-vous eu à vous plaindre de M. Clermont, autrement?

— Jamais.

— Qu'avez-vous fait après l'événement?

— Ce que j'ai fait? J'ai rôdé dans la campagne; j'ai raconté ma vengeance à la nuit, et quand le ciel m'a répondu que cette vengeance était un crime, je suis venu à vous pour être puni.

— Mais il importerait que vous pussiez nommer des personnes qui vous auraient vu, pour que nous sachions sous quelles impressions vous êtes resté, et si une circonstance quelconque atténue votre culpabilité.

— Aucune circonstance ne peut être invoquée, dit-il avec impatience. J'ai tué M. Clermont; je le déclare. Que faut-il de plus pour qu'il ne reste aucun doute sur l'innocence, même de fait, de M. de Montbarrey?

— Il ne s'agit pas de M. de Montbarrey, mais de vous.

— Oh! de moi! dit-il avec un sourire triste. Je suis content.

Les juges éprouvaient une pitié étrange. Le devoir parlait néanmoins. Ils firent venir les gendarmes.

— Emmenez-le, dirent-ils.

Laubépin se précipita de lui-même vers son escorte. On aurait dit qu'il se réjouissait en voyant s'accumuler sur lui les charges écrasantes dont il dégageait M. de Montbarrey.

Cependant des sentiments contraires luttaient dans l'âme de Catherine. Elle avait eu une joie immense, par la pensée qu'elle pouvait maintenant retrouver Tiburce dans l'avenir, mais en même temps une invincible terreur en reconnaissant qu'elle était délivrée par Laubépin. Malgré l'évidence dont il s'accablait, peut-être même à cause de la spontanéité des preuves qu'il multipliait, un pressentiment lui criait que Laubépin se dévouait pour la faire libre. Quand les gendarmes se montrèrent, elle vit l'échafaud derrière eux; elle vit rouler cette belle tête qui avait répandu sur elle tant de sourires et de bénédictions. Alors elle eut encore plus horreur que pitié. Elle s'élança, et d'un accent désespéré, elle s'écria :

— Monsieur, je vous jure qu'il est innocent!

Montbarrey l'approuva du regard.

— Il n'y a plus de place pour le doute, répondit le juge.

— Mais vous ne comprenez donc pas que cet homme se tue! reprit-elle.

— Eh bien ! il se tuera inutilement. Je ne ferai point un seul pas dans ce chemin qu'il m'aura ouvert avec son sang.

Laubépin pâlit.

— Madame, dit-il, vous ne voudrez pas m'ôter la consolation de votre bonheur !

— Mais c'est monstrueux ! s'écria-t-elle encore. Puis, par une inspiration subite, elle ajouta :

— Je n'aurai pas de reconnaissance.

Au moment où le magistrat allait se faire expliquer ce mot, un bruit nouveau s'éleva dans le fond de la salle.

Le juge donna l'ordre de fermer les portes après que toute l'assistance serait partie.

— Nous continuerons l'interrogatoire plus tard. Que tout le monde se retire, dit-il.

Mais le bruit augmentait et venait de la route. C'était un frémissement de paroles et de pas parmi la foule qui assiégeait la porte.

— C'est une étrangère, disait-on. Elle n'a rien à faire ici.

— Rien à faire! s'écria mistress Below, assez haut pour être entendue des juges. J'apporte la vie de Laubépin!

Un passage se fit sur-le-champ. Nancy arriva jusqu'au bureau.

— Parlez, madame! lui dit le juge.

XIX

La veille, elle avait vu partir Laubépin avec un profond étonnement.

Il la quittait sans un mot d'amitié, à elle qui venait de lui parler de sa mère. Il courait comme s'il avait été à un devoir sacré. Mistress Below s'informa et fut persuadée que madame Clermont était la mystérieuse idole de Laubépin.

Dès ce moment elle comprit que cette fuite si prompte pouvait mener le jeune homme à un danger, et qu'il y allait, soulevé par la sainte folie du dévouement.

Elle prit donc tous ses renseignements. Les rumeurs du café revinrent à l'auberge; elle sut l'histoire de M. de Montbarrey. Elle sut qu'il était accusé d'un hasard qui le séparerait de madame Clermont. Ce qu'on ne lui dit pas elle le devina. Le magnétisme place la seconde vue dans l'estomac: elle est dans le cœur.

Nancy n'aimait pas encore Laubépin; mais elle était proche de l'aimer. Il ressemblait à son frère. C'était une résurrection; le ressuscité était embelli: Laubépin avait plus de relief dans sa douceur et plus d'originalité dans sa franchise. Elle ne voulait pas essayer de triompher sur-le-champ de madame Clermont. Elle s'était réservé l'avenir.

Ce drame déroulé sous ses yeux lui fit peur, surtout quand elle songea que Laubépin allait y être mêlé.

Elle renonça à partir le lendemain. Elle voulait voir sans être vue.

Elle demanda à l'aubergiste s'il y aurait moyen d'entendre l'interrogatoire dans une pièce voisine de la salle de la mairie.

L'hôtelier sourit. Il avait affaire à une Anglaise; elles sont passionnées pour les spectacles.

— Il y aurait un moyen, madame, mais ce serait cher.

— Payez d'avance! dit Nancy en lui remettant une bourse.

La mairie était près de l'auberge.

La femme de l'instituteur avait sa chambre qu'une cloison séparait de la salle commune.

En y entrant, Nancy était certaine qu'elle allait éprouver une des plus grandes émotions de sa vie.

Les premières dépositions furent presque insignifiantes, comparées à ce qu'elle sentait venir. Laubépin se livra; elle ne fut pas surprise. Elle l'attendait.

Elle se jeta sur la route, courut à l'hôtel, puis à sa chambre, et là, demanda précipitamment le garçon de service.

— Vous vous rappelez, dit-elle, que vous m'avez amené Laubépin hier soir.

— Laubépin? répondit le garçon d'un air étonné.

— Le postillon qui m'avait conduite à Saint-Rémy dans la journée?

— Madame confond.

Mistress Below bondit d'impatience.

— Il vous a parlé ce matin, reprit-elle. Il vous a supplié de ne rien dire. Mais chaque minute qui passe est un danger mortel pour lui. Voulez-vous le voir exécuter sur la place des Orbes?

Le garçon sourit.

— Ça serait curieux, dit-il, mais ça serait injuste. Laubépin n'est pas plus que moi dans cette affaire. Du moment où il retourne pour lui du couteau, je parlerai.

— Où sont vos camarades qui l'ont vu entrer et sortir de chez moi?

— Ils sont à la *mairerie,* bien sûr.

— Croyez-vous que Laubépin les ait gagnés aussi?

— Il est précautionneux; mais ils n'oseront pas me démentir.

— Votre fortune est faite. Venez!

Et, belle de son ardeur et de beaucoup d'autres choses, elle arriva, non sans peine, jusqu'aux magistrats.

Elle pouvait laisser un peu de son honneur dans les révélations qu'elle allait faire, mais elle empêcherait Laubépin d'y laisser sa tête.

Catherine la contempla avec reconnaissance et avec effroi.

Laubépin devina et fut consterné.

M. Champanelle respirait plus à l'aise.

— Monsieur, dit mistress Nancy Below, celui qui vient de s'accuser ne peut pas être le coupable. De sept heures à neuf heures du soir il était chez moi, à l'hôtel : des témoins l'ont vu entrer et sortir. Voici le domestique qui me l'a amené. Interrogez-le.

La surprise était immense. Cette femme, qui appartenait par ses manières et son costume aux plus hautes classes, se signalait aux commentaires.

Laubépin fut ému ; cependant un intérêt plus grand lui défendait de perdre la position qu'il avait prise.

— Et qui prouve que je ne suis pas sorti dans l'intervalle ? dit-il.

— Qui le prouve ? ce que je vous disais.

— Nous sommes forcés de vous demander ce que vous lui disiez, fit le juge.

— Je lui apprenais qu'il est le fils de mistress Below, ma belle-mère, et qu'il a une très-grande fortune en Angleterre. Voici les papiers qui établissent cette situation.

Elle déposa une enveloppe sur le bureau.

Le juge l'ouvrit, et après avoir lu :

— Vos titres sont incontestables, dit-il à Laubépin. Et dans quelle intention vous êtes-vous chargé d'une apparence de crime pareil ?

— Est-ce le magistrat ou l'homme qui me fait cette question ?

— Le magistrat.

— Je lui répondrai que ma vie m'appartient et que j'en dispose.

Ces mots tombèrent comme l'arrêt de son avenir sur la tête de Catherine. Elle fut attendrie et elle fut épouvantée. Comment récompenserait-elle un dévouement de cette étendue ? Comment ne pas entendre une protestation suprême d'amour dans l'aveu involontaire de ce sacrifice ?

Pour la forme, on fit comparaître les domestiques de l'hôtel. Ils furent unanimes. Laubépin n'était pas sorti.

— Monsieur, vous êtes libre, lui dit le procureur du roi, et laissez-moi ajouter que ceux qui ont votre amitié sont heureux! Quant à M. de Montbarrey, sa participation par le hasard, à la mort de Clermont, ne nous paraissant nullement démontrée, nous le renvoyons de l'accusation, et nous chercherons ailleurs.

La foule s'écoula. Toutes les mains essayèrent de prendre celles de Laubépin, bien morne dans son triomphe. Catherine s'approcha de lui.

— Monsieur, dit-elle, revenez ce soir.

— Je ne suis donc plus Laubépin? répondit-il navré.

— Vous êtes... la fin de sa phrase se perdit dans un sanglot.

Montbarrey avait entendu. Il s'en allait seul, exilé pour toujours de leurs rêves à deux.

Nancy ne pouvait pas s'empêcher de trouver que Laubépin était ingrat envers elle.

Champanelle n'était pas mécontent de sa journée.

Quand Laubépin fut sur la route, M. Mortagne le rejoignit et lui demanda où il allait.

— Je vais voir Bijou! répondit-il tristement.

— Pouvez-vous me donner une heure?

Laubépin le suivit dans son étude.

— Comment vous appelez-vous, à présent? lui dit M. Mortagne.

— Toujours Laubépin.

— Laubépin, gentleman et riche?

— Ce n'est pas décidé encore.

— Écoutez-moi. Vous savez que j'étais le tuteur de Catherine ?

Laubépin rougit, l'entendant nommer.

— Son mari mort, le soin de la protéger me revient de nouveau, et il m'est cher. Je ne vous fais pas de questions, je constate une évidence. Vous l'aimez.

Il ne répondit pas.

— Votre héroïsme de tout à l'heure vous dispense de parler ; mais il a appris cet amour à qui devait comprendre. Comment supposez-vous que madame Clermont pourra reconnaître ce qu'elle vous doit ?

— Par son bonheur !

— Elle n'a qu'une seule manière au monde pour vous payer; elle ne peut pas le comprendre autrement ; elle vous offrira de l'épouser.

Laubépin aurait été fort devant l'échafaud, il devint tremblant devant cette affirmation de M. Mortagne.

— Vous croyez? dit-il les joues enflammées.

— Vous ne lui avez pas laissé la possibilité de faire autrement ; avec une pareille exagération de dévouement, on s'impose.

Laubépin était revenu bien vite de cette ivresse d'une minute.

— Non, monsieur, on ne s'impose pas. Madame Clermont aime M. de Montbarrey. Je crois avoir prouvé que je n'étais pas personnel.

— O bon et grand cœur ! reprit M. Mortagne, vous avez encore des bienfaits à répandre et de votre sang à donner. J'espère qu'il dépendra de moi d'aplanir l'obstacle qui est entre Catherine et M. de Montbarrey ; mais elle souffrira si elle se sent au-dessous de vous par l'affection. Aurez-vous le courage de la tromper pour lui rendre sa liberté ?

— Madame Clermont ne peut pas être ingrate. Que suis-je pour elle ?

— L'ingratitude arrive aux meilleures âmes lorsqu'elles sont préoccupées d'une passion. Elle est arrivée à la vôtre.

— A la mienne ?

— Je ne crois pas m'être trompé sur la physionomie de mistress Below ; elle a pour vous plus que de l'amitié.

— Pour moi ?

— Vous ne vous en étiez pas même douté ; de plus elle s'est compromise : elle a été aussi simplement pour vous à la déconsidération que vous alliez, vous, à la mort pour Catherine. Ces deux actions se valent.

— Que dites-vous ?

— Je dis que vous êtes maladroit de ne pas aimer cette femme, belle, tendre et courageuse, et qu'en vérité l'une peut consoler de l'autre.

— Monsieur ! comparer Catherine à qui que ce soit...

— Et pourquoi pas? Parce que je suis son tuteur, faut-il que je sois injuste ? Parce que Catherine est à plaindre, faut-il ne pas reconnaître que mistress Below a été généreuse ?

— J'admets tout ; mais je ne me sens remué au fond du cœur que par le malheur de Catherine.

— Voulez-vous le diminuer ? Délivrez-la d'un scrupule ; je me charge du reste.

— Et que faire ?

— Épousez mistress Below.

— L'épouser !

— Vous feriez ainsi deux heureuses femmes.

— Mon courage n'irait pas jusque-là ; non qu'elle ne mérite tout amour, mais encore faut-il pouvoir le lui donner?

— Tenez, je ne vous comprends plus, reprit M. Mortagne avec indignation. Vous avez lu trop de romans de chevalerie ; rentrez dans la vie réelle, dans cette vie qui se dénoue presque toujours entre les murs d'une étude de notaire. Comment ! vous allez jusqu'à vous charger d'un crime odieux, jusqu'à la condamnation publique, jusqu'à la toilette du condamné, jusqu'à la planche à bascule, et vous n'osez pas aller vers une femme charmante, vers un mariage tout à fait sortable et vers une nuit de noces que beaucoup vous envieraient? Restez dans vos romans, mon ami, vous n'êtes pas fait pour rendre un service réel.

— Vous pensez donc que ce serait la seule façon...

— De permettre que dans dix mois Catherine soit heureuse? Oui. Elle vous saura encore plus de gré de cette preuve-là que de l'autre.

— Eh bien ! à ce moment-là, je verrai.

— Et vous lui préparez ainsi un temps de deuil très-agréable. Il importe pour vingt raisons qu'elle sache à quoi s'en tenir tout de suite.

— Vous croyez que mistress Below consentira ?

— Ne faites pas de modestie ; vous m'ennuyez.

— Alors, si vous voulez bien...

— Quoi?

— Allez lui dire...

— Mon jeune ami, ces causes-là se plaident avec des cheveux blonds, un regard ému et des yeux éloquents.

Laubépin se leva.

— C'est cruel, pourtant! dit-il d'une voix grave.

— Je ne vous plains pas.

Laubépin se dirigea vers l'hôtel des Deux-Alouettes.

M. Mortagne alla faire une visite au procureur du roi.

M. Champanelle dînait.

XX

A sept heures du soir, M. Mortagne alla chez M. Champanelle. Les rapports de voisinage étaient plus que froids entre eux, et le docteur s'étonna de la visite du notaire. Il le fit entrer dans la salle d'en bas. M. Mortagne, très-renseigné par les indications que lui avait données son fils, s'abstint de toute préparation, et alla droit au secrétaire.

— Vous avez là un très-beau meuble, dit-il; il doit avoir des secrets; j'ai besoin d'en commander un pareil, permettez-moi de l'examiner.

M. Champanelle ne s'expliquait pas l'admiration de M. Mortagne; mais comme les tiroirs renfermaient en effet plusieurs cachettes, il fit quelques pas pour se placer entre le secrétaire et le visiteur. La clef était à la serrure. M. Mortagne n'hésita pas, ouvrit rapidement, et mit la main sur le revolver.

— Monsieur, dit Champanelle avec agitation, de quel droit faites-vous ainsi cette perquisition chez moi ?

— Pour vous éviter l'ennui de la voir opérer par la justice ; les magistrats sont encore aux Orbes, et il serait fâcheux qu'on trouvât ici l'arme de M. Clermont.

Champanelle pâlit et perdit la tête.

— Prétendriez-vous que je m'en sois servi, dit-il, et allez-vous m'accuser d'être l'auteur de ce crime ?

— En aucune façon, docteur ; vous avez assez de manières de tuer les gens pour ne pas avoir recours à des procédés si dénonciateurs. Mais voyez, un des canons du revolver est vide ; par conséquent, il est probable que le malheureux Étienne a attenté à ses jours.

— Je n'ai comme vous que des conjectures à cet égard, répondit Champanelle.

— Et, les ayant avec une sorte d'évidence, vous laissez dire publiquement que le duc est coupable de cette imprudence ?

— J'ignore si ce n'est qu'une imprudence, reprit Champanelle d'un accent plein de haine.

M. Mortagne lui fit baisser les yeux avec son regard honnête et indigné.

— Taisez-vous ! lui dit-il, et considérez la situation avec plus de calme. Je me porte bien, et je n'ai pas peur de vous ; quand je serai malade et tant que j'aurai ma raison, je ne vous appellerai pas. Ce que je vais ajouter à notre conversation sera dit aussi dans votre intérêt. Vous détestez M. de Montbarrey, mais pas au point, je pense, de compromettre votre repos pour empêcher le sien. Croyez-vous que le fait d'avoir chez vous cette arme et le silence que vous avez gardé ne paraîtraient pas étranges aux magistrats? Je viens vous proposer une transaction. Je n'avertirai point le procureur du roi, et, de votre côté, vous raconterez à madame Clermont toutes les circonstances qui vous sont connues, et vous la convaincrez que le duc ne peut rien avoir à se reprocher.

— Jamais! interrompit Champanelle avec violence. J'ai trouvé ce revolver par hasard; j'ignorais qu'il appartînt à M. Clermont; j'ai pu moi-même décharger un de ses canons pour étudier une arme nouvelle. Faites venir le juge, je ne crains rien de son interrogatoire.

— Soit, reprit M. Mortagne très-calme; nous allons envisager la question sous une autre face.

— Je vous ferai remarquer, monsieur, que j'étais à table lorsque vous êtes entré.

— Il est heureux que vous n'ayez pas achevé de dîner, ce qui me reste à vous apprendre pouvant peut-être troubler votre digestion.

— Ce qui vous reste à m'apprendre? dit Champanelle que ce ton calme troublait.

— Vous m'avez fait tort d'une vingtaine de mille livres depuis votre arrivée dans le pays, et je suis résolu à vous les redemander.

— Quelle est cette plaisanterie? reprit Champanelle.

— La tolérance a ses bornes, et je parle aussi au nom de l'administration des domaines, très-chatouilleuse, comme vous vous en apercevrez.

— Parlez vite! dit le docteur, sentant venir l'orage sans savoir de quel côté il arrivait, et voulant en connaître la direction pour s'en garer.

— Vous êtes un très-grand médecin, mais vous êtes encore un plus grand propriétaire. La maladie a éparpillé vos domaines dans le canton; mais, réunis, ils formeraient un très-beau lot. Tel champ de luzerne vous représente une pleurésie curieuse; telle vigne vous rappelle une dyssenterie charmante. Vous avez comme ça des lopins de terre qui valent gros. Je connais vos procédés d'acquisition. Je vais demander l'enregistrement de vos sous-seings. Je suis las de voir la concurrence que votre papier timbré fait à mes actes; je divulguerai du même coup votre talent et vos prix.

Champanelle arpentait la salle à grands pas.

— Si je rendais possible le mariage du duc et de madame de Clermont? dit-il.

— Je régulariserais vos titres pour rien.

— C'est donc à moi qu'elle devra d'être duchesse! reprit Champanelle.

— Quand irez-vous à la poste? dit M. Mortagne sans répondre.

— Ce soir.

— Faites attention! demain j'écrirais au domaine. Et croyez-moi, vous êtes assez riche, ne sauvez plus personne, ou sauvez ailleurs.

— Et cependant, dit Champanelle avec un dépit violent, vous allez me faire attester là une chose dont je n'ai aucune preuve.

— Étienne ne sortait-il pas de chez sa maîtresse?

— Et qu'est-ce que cela dit?

— Comptez-vous faire l'autopsie?

— Je n'en sais rien.

— Faites-la pour rassurer votre conscience ; vous verrez que le malheureux avait bu chez Adèle plus d'alcool qu'il n'appartient à un homme prudent de le faire pour s'étourdir.

— Et après?

— C'est l'alcool qui a mis le feu à la poudre de ce revolver.

— Je croirais plutôt que Clermont avait un rival, et qu'il l'aura découvert.

M. Mortagne pensa à Jules. Il eut un frisson. Son fils aurait-il causé le suicide d'Étienne?

— Dieu se sert, pour faire le bien, de moyens dont la moralité nous échappe, se dit-il.

Puis il ajouta tout haut :

— Ne perdez pas un instant pour aller chez madame Clermont.

— Je ne me donnerai pas le temps de finir mon dîner.

M. Mortagne sortit.

Champanelle avait été très-effrayé de la guerre dont on le menaçait ; il était avare avec tous ses autres vices, et il ne voulait point tarir les sources de sa richesse. Il valait mieux renoncer à sa vengeance qu'à sa fortune. Il prit avec lui le revolver, et résolut de donner satisfaction aux exigences de M. Mortagne, en apportant à Catherine plus de preuves du suicide d'Étienne qu'il n'en avait ; il voulait débarrasser sa vie de la curiosité hostile de M. Mortagne.

Il prit aussi sa trousse, suivant son habitude. La nuit s'était faite pendant cette conférence et ces préparatifs ; il pleuvait, et le docteur, affaibli par sa blessure, glissait sur la terre mouillée. Il se rappela qu'il avait espéré faire ce chemin dans des dispositions plus gaies, quand il s'était efforcé de devenir l'amant de madame Clermont ; comment si peu de semaines écoulées avaient-elles pu mettre tant d'impossibilités entre ses calculs d'alors et les événements d'aujourd'hui? Il aurait bien voulu reprendre au temps toutes ses violences criminelles, et être encore aux années où Catherine l'accueillait avec un sourire, même comme tous les autres.

Malgré son audace, il n'était pas médiocrement embarrassé pour reparaître devant elle ; elle avait le droit de le faire jeter à la porte, et, en admettant qu'elle l'écoutât, n'était-ce pas honteux et lâche de lui apporter les moyens de s'unir à un rival? Plus Champanelle approchait de la poste, plus il comprenait le ridicule et les périls de sa visite.

La grande cour était déserte ; on eût dit que le mouvement s'était éloigné de cette maison que la mort avait touchée : les chevaux ne remuaient pas dans l'écurie, et aucune lanterne ne passait devant les portes ; les diligences avaient relayé à la hâte, comme pour ne pas respirer un mauvais air ; par hasard, il n'était point passé une seule voiture particulière pendant toute la soirée ; les chiens des environs n'aboyaient pas dans les ruelles, ils hurlaient au cadavre ; les chouettes rasaient les grands toits des greniers et criaient plus souvent que d'habitude ; des gouttes de pluie serrées tombaient dans l'eau noire qui avait débordé au-dessous du fumier. Champanelle allait devant lui, sans regarder, et enfonça ses bottes dans ce ruisseau fétide ; tout était triste et repoussant autour de ses yeux, qui cherchèrent à voir à la fin, mais qui ne découvrirent personne : la maison paraissait absolument inhabitée; les fatigues de cette journée consacrée au défunt avaient endormi tous les vivants. Champanelle entra; la porte du corridor était ouverte : un mort est une sentinelle qui garde suffisamment un toit contre les visiteurs nocturnes. Il n'était pas huit heures et demie, et le docteur chercha la servante pour se faire annoncer; elle était allée coucher chez une voisine ; Champanelle chercha donc vainement. Cependant, comme il n'était pas probable que Catherine se fût retirée encore, il erra dans les appartements. Aucune trace de vie actuelle n'y avait été laissée : pas un flambeau, pas une veilleuse allumée n'attendaient sur un meuble; la salle d'en bas, dans laquelle il entra d'abord, conservait une odeur de morgue, bien que le corps en eût été ôté le matin. Il supposa que Catherine était dans sa chambre, et comme il ne pouvait pas se soustraire à l'obéissance qu'il avait promise à M. Mortagne, il monta malgré tout.

Les mêmes ténèbres étaient en haut.

Il suivit l'escalier à tâtons, et comme poussé à gravir chaque marche par une volonté qui n'était pas à lui. Lorsqu'il fut à la porte de la chambre de Catherine, ses idées se déplacèrent aussi subitement dans sa tête que le sang dans son cœur; il se jugea en une minute souverainement idiot, et l'homme énergique et pervers d'autrefois reparut dans cet esclave qui était monté.

Champanelle, n'entendant aucun bruit, avait frappé ; nulle voix n'avait répondu. Alors, et encore avec une certaine appréhension, il avait entr'ouvert la porte. Catherine était au lit; une faible lampe, posée sur une table auprès du chevet, envoyait son rayon au front pâle et charmant qui en était baigné et éclairé;

elle dormait la tête nue, et ses cheveux noirs, ruisselant sur l'oreiller, lui faisaient un coussin d'ébène soyeuse. La fenêtre avait été ouverte dans la journée, et l'humidité du jardin était entrée ; la douce respiration sortait en vapeur blanche sous le rayon, et répandait dans la chambre l'odeur tiède des baisers que cette bouche frémissante pouvait donner ; le bras droit était passé sous le cou et la main gauche pendait au bord du lit, remuant parfois ses doigts roses, de même que si elle avait cherché une autre main à serrer. Champanelle se sentit parcouru de trouble des pieds à la tête, ses désirs d'autrefois tourbillonnèrent en essaims autour de ses tempes ; il revoyait cette femme dont la beauté avait failli le pousser au crime, et il la revoyait à sa merci, dans son vêtement de nuit et d'amour, sans aucune défense. Il avait parcouru la maison, il savait que nul n'y veillait et qu'aucuns cris n'y seraient entendus ; d'ailleurs, il avait lu Stendhal, il s'était pénétré de ses maximes, et il croyait que les maîtresses les plus aimantes sont celles qu'on a violées. L'idée qu'un mort avait traversé toutes ces pièces le matin ne l'épouvantait pas : ne lui était-il pas arrivé vingt fois, quand il était étudiant, d'aller d'un amphithéâtre d'anatomie chez une grisette ? Il y avait un contraste plus voluptueux entre le cadavre qui venait de palpiter sous son bistouri et la chair jeune qui frémissait dans ses bras. La minute si attendue était venue ; Champanelle ne se souvint ni des menaces du notaire, ni de sa fortune compromise ; il jeta toute son âme entre les rideaux de cette couche, et assourdissant ses pas sur le tapis, il s'avança vers Catherine.

Elle était perdue : ses vêtements de deuil, placés sur un fauteuil auprès de son lit, ne la protégeraient pas contre un agresseur sans scrupules ; sa deuxième nuit de veuvage allait être une agonie d'épouvante et de honte ; mais un regard, tombé du ciel noir et de cet œil qui voit tout, la sauva : Pauline n'était pas pour rien à côté de sa mère.

Catherine l'avait mise dans son lit. De loin, Champanelle ne l'aperçut pas ; mais il la découvrait à mesure qu'il s'approchait ; il s'arrêta.

L'enfant pouvait être un témoin dangereux, et accuser gravement par la suite le profanateur. Cette crainte n'aurait peut-être pas combattu suffisamment ses résolutions. Pauline lui inspira un sentiment qu'il ne connaissait pas encore : pour la première fois, il vit Dieu distinctement, et il le vit à travers le sommeil de cette enfant.

Il se rappela avec terreur qu'il en avait fait l'enjeu de son effrayante passion, et que, pouvant la sauver, il avait pensé à la laisser mourir. Le crime s'était donc accompli dans son intention : Pauline vivait, mais contre sa préméditation.

Il l'avait tuée, et cette victime se dressa contre lui.

Il eut un moment d'hallucination où il crut que Pauline était morte. Elle avait dans son sommeil la pose et le sourire des anges. N'était-ce pas lui qui l'avait envoyée en haut? N'avait-elle pas raconté son meurtre au Juge suprême? Ne reviendrait-elle pas toutes les nuits pour consoler sa mère, et ne lui dirait-elle pas : Je devais grandir sous tes yeux, et j'étais la joie de ton âme! C'est ce malheureux qui nous a séparées ?

Il secoua pourtant son vertige. Il ne serait pas arrêté par une vision de l'autre monde. Ce n'étaient point ces faibles bras d'enfant qui l'empêcheraient d'arriver à Catherine. Il fit un pas vers le lit. Mais alors il entendit une autre voix, et il l'entendit d'autant mieux qu'elle parlait en lui, et qu'elle lui disait : Si tu recommences, tu seras l'assassin de la mère comme tu as voulu l'être de la fille !

Il s'arrêta, et se traitant de fou et de lâche, il s'approcha. Un de ces rêves heureux qui visitent les affligés montrait alors Tiburce à Catherine, et ses lèvres murmuraient comme des appels qu'il prenait pour lui. A cette minute aussi, Pauline, par un soubresaut du sommeil, passa au-dessus de la poitrine de sa mère, et roula au devant de Champanelle, de même que si elle eût senti qu'elle était une protection. Les rideaux du fond du lit remuèrent à ce mouvement. Un christ en ivoire qui y était suspendu se détacha un peu et inclina son front vers le violateur. Champanelle, cette fois, non-seulement s'arrêta, mais se recula. Cependant, il se domina de nouveau, et il allait s'élancer de toute la distance qu'il avait perdue, quand un bruit qu'il entendit dans les salles du bas le fit tressaillir. Des pas lents et retenus glissaient sur le carreau, et semblaient se diriger du côté de l'escalier. Être surpris dans cette position, où il se devinait ridicule autant qu'odieux, eût été une extrémité de honte à laquelle il ne se résignait pas. Ce pouvait être M. Mortagne qui venait s'assurer que son message était rempli, ou la servante qui allait monter. Il écouta de nouveau. Les pas continuaient indécis. L'épouvante en rapprochait la direction pour l'écouteur. Il devait sortir de cette chambre à tout prix. Il rouvrit la porte et la referma sur lui, sans que le repos des dormeuses eût été troublé. Une fois dans le corridor, il élargit encore ses oreilles, comme pour aspirer ce bruit qui l'inquiétait.

Il lui parut qu'on montait l'escalier sans lumière. Il pourrait donc se blottir dans l'obscurité ; mais s'il était découvert, il ne fallait pas l'être en haut. Il descendit, se collant à la muraille.

Quelqu'un passa à côté de lui, en le frôlant. Les deux marcheurs étaient à moitié de l'escalier. Celui qui montait cessa tout à coup de marcher, de même que si sa détermination eût aussi changé. Il revint vers les marches du bas. Champanelle ne se laissa pas prévenir. Il passa en avant, et, pour ne pas être entendu, il régla son pas sur celui qui le tourmentait, de sorte qu'il n'y avait qu'un son chaque fois qu'un pied se posait. Mais cette gymnastique ne pouvait pas se continuer toujours. Le chasseur, qui ne se doutait pas de sa chasse, verrait son gibier dès qu'ils seraient arrivés dans la cour. Champanelle préférait tout à être surpris. Il se réfugierait dans le premier abri qu'il trouverait.

Aux dernières marches, le corridor d'en bas commençait; mais l'escalier continuait, et rejoignait la cave. C'est là que le docteur, toujours invisiblement suivi, se dirigea. Au retour des marches, une porte était ouverte. Il ne la connaissait pas, mais il s'y précipita. Il n'avait plus aucune chance d'être poursuivi, il attendrait un quart d'heure, et il remonterait chez Catherine.

Il n'avait pas fait deux pas sous la voûte humide que la porte se ferma brusquement, et qu'un bruit de clef grinça deux fois dans la serrure. — C'est un plaisant, pensa Champanelle.

Ce plaisant était Laubépin.

Il avait accepté le sacrifice qu'on lui demandait au nom de Catherine; mais il devait anéantir tous les indices qui montraient Catherine dans sa vie passée. En quittant M. Mortagne, il était retourné vers mistress Below. Il lui engagea sa foi, et ne put pas se dissimuler qu'il allait au devant de tous les vœux de la jeune femme. Il sentait presque avec terreur que cet engagement deviendrait du bonheur. Il ne se pardonnait pas une infidélité, même quand cette infidélité était un devoir. Nancy précipitait son âme dans l'avenir qu'il lui ouvrait. Elle le pria, naïvement émue, d'arranger les choses pour que leur mariage eût lieu aux Orbes, la semaine qui suivrait. Il n'eut pas le charmant courage de promettre autant. Leur union lui eût semblé une profanation faite dans cette église où tant de fois il était entré le dimanche, moins pour y chercher Dieu que pour y voir Catherine. Il s'engagea à ne plus quitter mistress Below, mais il insista afin qu'ils ne fussent bénis qu'en Angleterre. Elle accepta, et demanda alors à partir le lendemain. Laubépin avait des affaires à arranger aux Orbes, et obtint deux jours. Nancy le renvoya de sa chambre, heureuse de ce qu'il lui donnait, et bien sûre d'avoir le reste plus tard.

Parmi les affaires de Laubépin, il y avait celle qui le rappela le soir à la poste. Une de ses manières de s'occuper de Catherine avait été de faire sans cesse son portrait dans les figurines qu'il sculptait. A chaque nouveau rayon de soleil, il la voyait plus belle, et quand son service ne l'enchaînait pas, il s'en allait le long d'une haie, coupait une large branche molle, et avec un amour qui était supérieur à son art, il reprenait ses traits adorés, les perfectionnant à chaque tentative, les caressant de son regard, et arrivant à une ressemblance fabuleuse. Tous les jours il avait ainsi une nouvelle représentation de son amour. Il emportait l'image dans ses longues promenades, causait avec elle au bord des fontaines, et la serrait sur son cœur et sur ses lèvres, quand il était enveloppé de l'ombre des bois. Mais il ne se satisfaisait pas de toutes ses tentatives, il n'osait pas anéantir ces figurines, et le soir, lorsque tous dormaient à la poste, il les cachait dans une retraite abandonnée, qu'il avait trouvée au bas des escaliers.

Il comprenait que le hasard amènerait un jour quelqu'un à ce musée de son âme, et, avant de quitter les Orbes, il voulut le détruire. Si cette multiplicité de ses ressemblances tombait sous les yeux de Catherine, elle s'en affligerait pour lui, devinerait que des larmes s'étaient versées souvent sur ces reliques. Il devait lui épargner cette pitié pour le passé, parce que cette pitié aurait été une peine. Le soir était le moment le plus favorable pour aller reprendre son trésor enfoui, et il arrivait au corridor au moment où Champanelle entrait dans la chambre de Catherine.

Il s'était décidé à allumer un grand feu, à consumer lentement et un à un tous ces vestiges de ses rêves, et à n'emporter que leur cendre. Il remontait pour prendre un flambeau dans une chambre, lorsque le docteur le croisa sur l'escalier. Mais Laubépin s'interrogeait déjà pour savoir s'il ne ferait pas presque une mauvaise action en sacrifiant de la sorte ces chimères honnêtes et sacrées de son souvenir. Ne reviendrait-il pas une fois aux Orbes avec Nancy, et quand les deux ménages auraient des enfants, ne pourrait-il pas montrer en souriant à Catherine toutes ces preuves de son adoration respectueuse?

D'un autre côté, était-il certain qu'il reviendrait comme il le voudrait, et ne pouvait-il pas se donner à lui-même ce prétexte d'un voyage dans le cher pays ?

Laubépin en était là de ses réflexions quand il redescendit, et qu'il ferma sur Champanelle cette porte dont il emporta la clef, avec la pensée de ne s'en servir que dans dix années, et sans se douter qu'il la retournait sur quelqu'un.

XXI

Le lendemain était le jour des obsèques.

L'assistance fut très-grande autour du cercueil d'Étienne. Les circonstances mystérieuses de sa mort, l'enquête, les doutes, avaient amené là toutes les curiosités des environs.

Suivant l'usage de cette province, la veuve devait assister aux cérémonies.

Elle fit plus, Catherine, elle y amena son enfant.

Elles étaient dans un coin de l'église, sous un autel de la Vierge.

Certainement elle n'aimait pas immensément son mari, et celui qui descendait dans la fosse n'y entraînait point avec lui la meilleure part de son âme. Il était violent, il était égoïste, il avait une maîtresse, il ne voyait jamais les choses idéales, il souriait de mépris à certains attendrissements involontaires de sa femme, il buvait, il émondait exactement les générosités qui auraient pu pousser en lui ; il avait la turbulence, non la gaieté ; il avait la pantomime, non l'action. Jamais il n'avait pressé sa femme sur son cœur avec la violence passionnée d'un être qui se donne sans réserve ; mais il était mort, le suaire s'étendait entre ses vulgarités et lui, le souvenir le teintait de ses lueurs amies ; il était mort, donc il devenait sacré, et Catherine le pleurait.

La petite avait été impressionnée et attendrie au commencement de la messe.

Bientôt la monotonie du spectacle l'ennuya, et, tirant sa mère par sa robe noire :

— Maman, pourquoi donc que M. le curé se mouche si souvent ?

— Maman, va donc dire à Lupin, l'enfant de chœur, de ne pas me faire rire lorsqu'il me regarde.

— Maman, si c'était toi qui étais morte, est-ce que ça aurait été aussi joli, et qu'on aurait brûlé autant de cierges ?

Laubépin et mistress Below essayèrent de se perdre dans la foule.

L'attention était sur eux. Laubépin avait parfaitement la conscience que, le temps aidant, il deviendrait dans le pays un personnage légendaire.

Mistress Below comparait la liturgie catholique aux rites protestants, et, ne perdant jamais de vue la question religieuse, en bonne anglicane qu'elle était, elle se croyait obligée d'envoyer toutes les cinq minutes une jolie petite injure au pape.

Le duc Tiburce était le plus recueilli de tous ; nulle figure ne paraissait plus triste que la sienne. Ce ne pouvait pas être par le regret de la mort d'Étienne. Les analysateurs auraient vu dans son maintien accablé la certitude écrite que Catherine était perdue pour lui.

Les psalmodies grimpèrent avec le corps jusqu'au cimetière. En passant, on aperçut dans la maison d'Adèle, à une fenêtre, une jolie tête qui se penchait sous un rideau. Comme on ignorait que cette tête eût maintenant des cheveux blancs, personne ne reconnut Adèle Magny.

La terre roula avec son bruit odieux, sourd et matérialiste, sur la bière descendue. Les païens avaient mieux le sentiment de l'immortalité de l'âme, car avec leur bûcher et leur urne pieuse, ils montraient plus de respect pour la dépouille humaine, que nous avec notre pelletée de boue.

Catherine assista à tout. Quand le cortége se fut retiré, elle resta longtemps sur la fosse, se reprochant de ne pas aimer assez celui qui dormait là. Elle se refaisait un Étienne ; elle ne le revoyait que dans les moments où il avait été bon. Au milieu de ses regrets et se croyant seule, elle fit tout haut à cette ombre le serment qu'elle lui immolerait une espérance, et qu'elle n'épouserait jamais Tiburce.

M. Mortagne, caché derrière la pierre droite d'une tombe, l'entendit.

Elle revint à la poste donnant la main à sa fille, passant par les champs pour ne pas être observée. M. Mortagne estima qu'Étienne ne méritait pas un tel renoncement, et que Catherine était trop jeune pour s'engager à un deuil éternel.

Cependant l'absence prolongée de M. Champanelle donnait lieu à des commentaires dans le village. Sa domestique avait cru d'abord qu'il avait passé la nuit chez un malade, quoiqu'il ne sortît pas depuis sa chute. Mais lorsque la matinée du lendemain se fut écoulée sans le ramener, elle courut dans les maisons, demandant des nouvelles. M. Mortagne était venu la veille : il l'avait vu un des derniers. Elle se rendit chez lui.

Il attesta que le docteur s'était dirigé vers la poste. Il supposa, à part lui, que le nom de M. de Montbarrey avait pu être levé dans la conversation avec Catherine, que M. Champanelle s'était rencontré avec le duc, et que celui-ci pourrait donner quelques éclaircissements. Tout cela était assez inadmissible, et M. Mortagne attendit encore jusqu'au lendemain.

Mais comme le docteur ne reparaissait pas, qu'on avait parcouru tout le canton sans retrouver sa trace, que cette disparution semblait se relier à cette chaîne mystérieuse qui attachait les uns aux autres, depuis quelques jours, les événements aux Orbes, M. Mortagne monta de bonne heure au château.

Tiburce n'avait pas vu le médecin. Comme il le savait un misérable, il repoussa très-loin la possibilité d'une rencontre qui aurait eu lieu entre eux.

— M. Champanelle se sera fait tuer dans quelque coin par un de ceux qu'il aura dépouillés, dit-il.

— Eh bien! laissons-le, reprit M. Mortagne ; ce n'est pas pour lui seulement que je viens, c'est pour elle.

Tiburce rougit. Il avait compris ce que le notaire entendait par *elle*.

— Votre voiture de voyage est prête dans la cour, continua M. Mortagne ; vous partez?

— Je pars.

— Quand reviendrez-vous?

Tiburce essaya de se dérober devant cette question.

— Je ne sais pas, dit-il; bientôt.

— Vous ne reviendrez pas, reprit M. Mortagne ; vous allez mettre le château en vente ; vous quitterez un pays où votre conscience flotte entre un devoir et un bonheur. Eh bien, monsieur le duc, votre conscience se trompe.

— Expliquez-vous, dit Tiburce.

— Je n'ai pas le temps. Il s'agit, à cette heure, de ne pas laisser commencer son désespoir. Le désespoir est une maladie dont on meurt. Voulez-vous me suivre à la poste?

Tiburce tressaillit.

— Si tôt ! répondit-il.

— Nous ne sommes pas dans des conditions ordinaires ; nous n'avons pas le loisir d'être convenables. Tant que j'y pourrai quelque chose, je ne laisserai pas un malentendu gâter deux belles vies. Je vous connais comme très-supérieur à des préjugés de caste, et je sais que vous serez très-fier d'épouser la veuve d'un maître de poste.

— L'épouser! répondit Montbarrey étonné.

— Pas immédiatement, la loi s'y oppose; mais on peut, dès à présent, mettre quelques jalons dans l'avenir. Comme cela arrangerait les choses que vous vendiez votre terre ! Vous n'auriez pas la patience de cet exil volontaire; vous reviendriez aux Orbes dans un an, et c'est alors que vous compromettriez madame Clermont, et que vous seriez fort à plaindre tous deux, car je la sais par cœur. Elle vous aime, et ce n'est pas une femme à être votre maîtresse après n'avoir pas cru pouvoir être votre femme! Venez-vous?

— Mais ce déplorable coup de fusil?...

— N'a pas fait tout le mal que vous croyez.

— Et vous pensez que Catherine me pardonnera cette démarche?

— Elle en pleurera de joie; mais je ne vous promets pas que nous verrons ses larmes.

Ils descendirent au village. M. Mortagne entraînait Tiburce comme s'il avait été chercher l'amour pour son compte. Midi sonnait à l'église. Le temps était doux. M. de Montbarrey sentait l'espoir l'envelopper comme une température. A certaines heures de la vie on croit que les rayons du ciel ne sont faits que pour vous réchauffer le cœur. Tiburce voyait des journées infinies descendre sur lui et sur Catherine, dans ce beau pays souriant de soleil. Il ne s'apercevait pas que ce paysage s'éclairait par un deuil, et deux ou trois fois il fut obligé de retenir sa pensée, car il allait remercier Dieu d'avoir fait disparaître Étienne.

Catherine s'était réinstallée dans la salle du bas. Elle avait fait dire qu'elle ne recevrait personne. Les banalités et les mensonges lui répugnaient, et pouvait-elle laisser comprendre que si elle avait une larme pour Étienne, elle en avait deux pour Tiburce? La réalité de son âme lui était apparue. En se trouvant si jeune et si libre dans le vide de l'avenir, elle s'avouait que Tiburce le remplirait et qu'il fallait l'en chasser. Mais plus la justice lui disait que cette joie était impossible, plus son imagination s'en enivrait.

Elle quittait la poste; elle montait au château. Elle donnait à Pauline un vrai père, pour celui qu'elle avait perdu; elle s'installait dans des habitudes de largesse et de bienfaisance; elle serait bercée pendant des années à ce doux roulis de deux bras aimés. Ils voyageraient; ils feraient beaucoup de bien. La seule chose qui l'attristerait serait de devenir duchesse. Elle craignait que Tiburce ne pensât que la séduction de ce titre n'eût été pour quelque chose dans son consentement. Mais quelle limpidité dans les flots de jours qui couleraient sous leur embarcation heureuse! quel déroulement d'azur! quel frémissement d'ailes!

Cela c'était le langage de ses rêves; et de chacun des angles de sa vie actuelle une voix sortait qui lui répétait : Impossible! impossible! Comment ton mari est-il mort? Vas-tu t'exposer à récompenser son meurtrier?

Puis aussi, comme aux saisons où elle avait lutté, elle s'exaltait par le sacrifice. On vint lui dire que M. Mortagne et le duc étaient dans la cour.

Elle pâlit, hésita, et finit par dire :

— Je n'y suis pas!

M. Mortagne entendit par la fenêtre entr'ouverte. Il entra malgré la servante, et amena presque de force Tiburce.

— Pas de tergiversations, ma pauvre enfant! cria-t-il. J'ai promis à votre père de vous servir, et il ne dépend pas de moi de vous retirer mon amitié. Vous avez été bravement fidèle à Clermont tant qu'il a vécu. Votre cœur s'est donné malgré vous : voici celui qui l'a. Il vient savoir si vous prétendez le lui reprendre.

Catherine avait détourné les yeux de Montbarrey. Elle n'avait point fait un signe pour inviter les visiteurs à s'asseoir. Elle répondit, parlant très-vite, afin d'essayer de déguiser le tremblement de sa voix :

— Il ne m'est pas permis de vous entendre à présent, monsieur. Vous pénétrez violemment dans une maison où la douleur et le recueillement sont le seul devoir et la seule consolation. Vous m'imposez un entretien que je ne suis pas en état de supporter.

— Je vous l'impose, Catherine, parce que j'ai besoin de savoir si votre intention est de laisser M. de Montbarrey s'éloigner de vous pour toujours.

Elle étouffa un soupir, puis répondit, prononçant les mots à peine :

— Je le lui aurais demandé.

Mortagne la regarda avec surprise.

— Est-il donc vrai, dit-il, que la vertu puisse amener ainsi au mensonge ? Vous le lui auriez demandé ?

— Oui! car il ne m'a jamais refusé son estime! répondit-elle en fermant les yeux, pour ne pas y laisser voir des larmes.

— Catherine? interrompit Tiburce.

— Allons, mon enfant! reprit M. Mortagne, vous êtes trop raisonnable pour jouer votre destinée sur une équivoque. Vous pensez cela très-sérieusement, même depuis que vous avez vu M. Champanelle !

— M. Champanelle! reprit-elle épouvantée.

— Depuis qu'il vous a tout raconté, ayant été témoin de tout?

— Je n'ai point parlé à M. Champanelle.

— Il n'est pas venu avant-hier?

— Non, mon ami.

M. Mortagne parcourut la salle d'un pas mécontent et précipité; puis, s'arrêtant devant Catherine :

— N'importe! je parlerai pour lui! dit-il.

Il prit les mains de Catherine, afin que son discours la pénétrât presque matériellement.

— Je vais vous remettre les choses sous vos yeux, dit-il; je veux que vous puissiez me pardonner mon insistance. J'avais été le frère de votre père; quand il revenait blessé d'une de ses campagnes, c'était vers moi qu'il se faisait conduire pour souffrir; donc il avait plus d'affection pour moi que pour tout autre. Un soir de novembre, vous aviez quinze ans, toutes ses blessures se rouvrirent à la fois; sa vie d'honneur se témoignait et se perdait par toutes ces cicatrices saignantes; il m'appela : Je meurs, murmura-t-il, je meurs avec le regret de ne plus voir ta vieille figure d'ami et son doux front de jeune fille, mais je meurs avec la certitude que tu me remplaceras près d'elle, et avec la consolation de penser que tu as plus de jugement que moi pour veiller sur Catherine. La voilà grande déjà; sa tête va plus haut que mes croix; son cœur va s'ouvrir; regarde bien ce qui le remplira; choisis pour elle un homme bon et loyal; que le compagnon de ses jours les comble de paix, de délicatesses et de protection! Choisis bien : ne te trompe pas, Mortagne! Je veux que Catherine soit heureuse! Si je puis la voir encore, à travers les fentes de ma tombe, je veux que mes yeux la trouvent dans un doux chemin! Tu me jures que tu ne t'égareras pas dans ton choix; tu attestes son bonheur d'avenir? Je promis tout. Il mourut! Misérable que j'ai été! je vous ai donnée à M. Étienne Clermont!

Mortagne s'arrêta. Les joues de Catherine étaient marbrées par les pâleurs et les rougeurs que ces paroles y faisaient monter; Tiburce appuyait son front sur le poêle froid. Catherine, en qui la sainte pitié débordait toujours, ne voulait pas que Mortagne eût des remords.

— J'ai été heureuse! dit-elle.

— Non! reprit-il, et la preuve, c'est que, quoique le sein qui le renfermait fût plein de religion et de vertu, votre cœur vous a échappé et est allé, tout meurtri et tout fidèle qu'il était, se réfugier sur M. de Montbarrey. Ne vous en accusez ni ne vous en défendez; ce n'est pas une faute, c'est une vérité. L'âme remonte toujours vers l'idéal, comme la prière vers Dieu. La vôtre est allée à la sienne, encore plus pure puisqu'elle souffrait, encore plus méritante puisqu'elle ne succombait pas! J'ai songé souvent à ces choses dans mon étude, et, pendant que ma main écrivait des papiers de procédure, ma pensée se torturait de repentir. Vous vous aimez. C'est un homme comme Tiburce que votre père rêvait lorsqu'il vous cherchait un ami. J'aurais dû le choisir autrefois, je le choisis à présent. Je fais plus : par le respect de la parole que j'ai donnée, par ma ferveur d'amitié, par ma prévoyance de vieillard, je vous l'impose, Catherine!

Elle avait l'inspiration des résolutions fermes et subites. Elle se leva, et, regardant courageusement Montbarrey, elle répondit :

— Oui, je l'aime! Oui, ce qu'il y a en nous deux d'immortel s'est rencontré et s'est donné! Nous aurions bien vingt années d'amour à nous partager; nous tâcherions que notre bonheur se répandît autour de nous, et qu'on vînt frapper à notre seuil comme à une source de consolation toujours pleine! Du matin au soir, pendant bien des saisons, l'aurore éclairerait un sourire à notre fenêtre, et le soleil couchant, à l'autre côté de notre demeure, brillerait encore sur une joie à nous. Je sais tout cela; Tiburce le sait aussi; mais que serait cette réalité brève eu égard à notre espérance immortelle? N'insistez pas! M. de Montbarrey vous dira comme moi, que ces circonstances s'étant trouvées, notre union devient un sacrilége. Lui et moi, nous sommes plus ambitieux que cela! ajouta-t-elle, en essayant de sourire.

M. Mortagne contemplait Catherine avec une douleur étonnée.

— Je ne crois pas que le bon Dieu en veuille tant à ceux dont le bonheur a commencé sur terre, dit-il.

— Lorsque ce bonheur n'a pas un doute pour première base, reprit Catherine. M. de Montbarrey peut-il répondre que ce n'est pas lui qui a tué Étienne?

Tiburce garda le silence.

— Moi je réponds pour lui, dit M. Mortagne; ce soupçon vous a été soufflé au cœur par la haine de M. Champanelle; mais M. Champanelle devait venir vous démontrer qu'il ne reposait sur rien.

Et M. Mortagne raconta la présence du docteur sur les lieux, le revolver ramassé par lui, le coup déchargé, l'ivresse d'Étienne, la rencontre d'un rival chez Adèle et la presque certitude d'un suicide.

— Êtes-vous convaincue? dit-il ensuite à Catherine.

— M. Champanelle a reculé devant une responsabilité pareille; il devait venir, dites-vous, et vous voyez qu'il n'est pas venu.

— Et vous, monsieur, que croyez-vous? demanda M. Mortagne à Tiburce.

— Je crois que Catherine ne se trompe pas, et que nous sommes condamnés, reprit-il d'une voix sourde.

M. Mortagne revint désespéré vers Catherine.

— Je ne puis cependant pas permettre que la mort d'Étienne coûte la vie à deux personnes, dit-il.

— Oh! on ne meurt pas pour attendre! répondit Catherine, en levant ses paupières un instant sur Tiburce.

— Mais que faudrait-il pour vous convaincre? dit M. Mortagne avec angoisse.

— Le témoignage de M. Champanelle. Devant moi, il n'oserait pas mentir.

— Où le trouver? dit M. Mortagne.

Tiburce s'approcha et lui dit à voix basse :

— N'entendez-vous rien?

Depuis quelques instants un bruit étrange semblait sortir des profondeurs de la maison ; c'était comme une plainte humaine, un appel vague.

— J'entends comme vous, répondit M. Mortagne à Tiburce ; on dirait quelqu'un qui se meurt; c'est sans doute le hennissement d'un cheval dans l'écurie, et la distance nous le dénature.

Mais l'oreille de Catherine avait été frappée aussi; elle s'approcha en tremblant :

— Nous n'en avons pas fini avec les épouvantes, dit-elle ; serait-ce l'âme d'Étienne qui se plaindrait ?

— L'âme ne crie pas quand la bouche est fermée, reprit Montbarrey ; le bruit est en bas.

— Descendons ! dit courageusement Catherine ; mais auparavant, un mot encore, mes amis, mes seuls amis !

Ils l'entourèrent. Tiburce était si près, qu'il l'aurait reçue dans ses bras, si elle était tombée.

— Faites que tous ces mystères soient expliqués ; j'aurais peur seule dans cette maison ! dit-elle, et faites aussi que M. Champanelle se retrouve.

Montbarrey ne put se défendre de lui prendre la main pour la remercier.

Les appels gémissants avaient cessé en bas.

— Nous avons rêvé tous les trois, dit M. Mortagne. Venez avec moi, monsieur le duc, fouillons tout le département, que pas un buisson ne nous échappe ! M. Champanelle ne peut pas être mort ! Dieu doit son témoin à votre honneur.

Ils sortaient de la salle ; ils entraient dans le corridor : une explosion souterraine, un bruit d'arme à feu, retentit dans les profondeurs des caves.

Les hommes tressaillirent. Catherine s'affaissa sur une chaise en s'écriant :

— Un crime ! Ce ne sont pas les morts, cette fois !

— Peut-être bien est-ce un vivant qui est devenu un mort ! dit M. Mortagne en s'enfonçant dans l'escalier.

Tiburce le suivit. Catherine se releva défaillante, et d'un pied tremblant elle chercha aussi les marches glissantes.

Ils arrivèrent à la porte. Une odeur de poudre brûlée sortait par l'ouverture de la serrure.

— C'est ici! dit Tiburce.

— Fermée! cria Mortagne en secouant la porte.

— Qui peut être là? dit Tiburce.

— Ma destinée! répondit Catherine.

— Ah! je saurai son dernier mot! fit Montbarrey qui remontait pour aller chercher des secours.

Revenons au moment où Champanelle avait été enfermé involontairement par Laubépin.

Il crut d'abord à une mystification, comme nous l'avons dit; mais cette donnée ne résista pas à l'examen. On n'avait pas pu le voir, et cette porte avait été fermée par un domestique, pour les besoins du service. Il était probable qu'on faisait ainsi tous les soirs, et qu'on l'ouvrait le lendemain. C'est ce qu'il ne voulait pas attendre. Il ne renonçait à aucune de ses espérances pour la nuit même, et de plus il ne voulait point être surpris dans cette retraite ridicule. Il avait sa trousse sur lui. Il y trouverait vingt instruments avec lesquels il viendrait à bout de la serrure. Il se mit à l'œuvre. Madame Clermont était si belle, et l'occasion si complaisante! Mais il n'avait aucun moyen de se procurer de la lumière, et il ne pouvait pas travailler dans les ténèbres. Le jour paraîtrait dans quelques heures. Il ne trouverait personne d'éveillé, et il aurait encore le temps de se glisser avec l'aurore dans la chambre de madame Clermont. Il tâta de tous les côtés avec les mains, pour savoir s'il y avait une fenêtre. Il ne rencontra rien : le mur, partout. C'était un caveau voûté. Le dépit fut dès cet instant l'aiguillon de Champanelle. Il pensait déjà beaucoup plus à la liberté qu'à Catherine. Avec rage, avec emportement, il usa l'un après l'autre et cassa tous ses instruments sur cette fermeture implacable. Il ne parvint pas à déranger le pêne d'une ligne. Un morceau de fer brutal était plus robuste que l'airain de sa volonté et plus adroit que ses nerfs! Quand sa trousse fut épuisée et que toutes ses tentatives lui apparurent vaines, il se jeta par terre, accablé. Il fallait donc attendre qu'on vînt ouvrir, et être enlacé pour la vie aux réseaux d'une histoire de captivité grotesque! Car Champanelle n'admettait pas qu'on ne vînt point ouvrir. Le danger ne se montrait pas. Comment le danger était-il possible? Au pis aller, Champanelle appellerait. La maison était peuplée, on ne l'entendrait que trop!

Il essaya d'endormir son ennui. Le travail désespéré qu'il avait tenté l'inondait de gouttes de sueur. La cave était glacée, et cette sueur se changea bientôt en frisson. Il s'assoupit dans la fièvre. Il n'eut qu'un rêve : Catherine et un barreau de fer qui grinçait sur lui, et le meurtrissait en le raillant.

Il se réveilla. Il n'avait plus sommeil, et il jugea qu'il devait être tard. Il eut alors un premier frémissement de crainte. Il n'entendait aucun des bruits de la maison, donc on ne l'entendrait pas non plus! Qui lui prouvait qu'on s'occuperait de cette porte fermée? N'était-il pas possible que sa reclusion durât plusieurs jours, et, quoique la circonstance fût risible, la mort par la faim ne serait-elle pas horrible dans ce sépulcre non soupçonné, à quelques marches de la vie et du secours? Il attendit. Il mesura le temps, et se fit des heures et des minutes au battement de son pouls. Il se convainquit ainsi que la journée entière s'était écoulée, et sans amener aucune intervention utile. Il fit une marque dans la porte à force d'y coller son oreille, pour ne rien entendre. Il trouva dans un coin les figurines en bois taillées par Laubépin, et, sans se rendre compte de ce qu'elles pouvaient être, il les brisa, en voulant s'en servir comme d'un levier pour ébranler le bloc de chêne immobile. Son repas de la veille avait été interrompu par M. Mortagne. Le malheureux eut faim dès les premières heures. Lorsque la sensation devint intolérable, lorsque la soif y mêla ses rages, à la fin de la première journée, se rattachant à une espérance qu'il sentait irréalisable, il appela. Il appela timidement d'abord, par pudeur, ensuite avec frénésie, par terreur. La nuit s'écoula dans ses cris qui redoublaient de force et d'impuissance. Il invoqua tous les amis qu'il croyait avoir eus dans sa vie. Si loin qu'ils fussent, il criait leurs noms. Quand la voix manqua à son désespoir et à ses sanglots, il invoqua Dieu!

Une lumière brilla aussitôt dans sa conscience. Il revit ses mauvaises actions, honteuses, inachevées, sans résultat, se traînant dans l'ombre de ses calculs. Il revit l'avarice, l'hypocrisie et la luxure. Il revit les malades qu'il avait laissé mourir, parce qu'ils ne pouvaient pas le payer, et ceux qu'il avait sauvés après avoir emporté leurs dépouilles. Il revit ses génuflexions à l'église, d'où il n'avait jamais cru au ciel, et il entendit les prières menteuses murmurées par sa bouche d'athée. Il revit Catherine, non plus à la lueur du désir, mais sous les terreurs de l'agonie de sa fille. Il se retrouva misérable et pervers dans tous ses détours, esclave abruti de son égoïsme, et se replaçant en face du mal qu'il avait produit et du bien qu'il avait dédaigné, il se repentit, et pleura.

Les vertiges et les hallucinations de la faim ajoutèrent leur folie à ses remords. Il sentait que cette torture était une expiation. Il se disait que la vengeance de Dieu commençait, et qu'elle allait se continuer, en s'incarnant par une série d'existences nouvelles, dans tous les malheureux qu'il avait rassemblés autour de lui, et que chacune de ses fautes lui serait payée par une vie de souffrances. Il se roulait d'effroi dans cette perspective. Il se résignait à mourir, pourvu que sa mort ne fût pas un commencement de supplice. Et il appelait par les imprécations et les remords une piété qui ne venait pas !

La prière absorba les derniers éclairs de sa raison. Il sentait les souffles de la folie battre ses tempes. Les mirages de la soif entouraient de sources limpides les pas désespérés qu'il faisait dans sa prison. Il avait beau courir, la source fuyait toujours. Il voyait aussi des tables splendidement servies et fumantes sous des bosquets imaginaires; des femmes à demi-nues, et ressemblant à Catherine, l'invitaient à y prendre place. Il s'asseyait : les courtisanes devenaient des squelettes, et le pain se changeait en cendre. Si épuisé qu'il fût par cette lutte, le repentir avait mis un bon germe dans son cœur; il n'avait pas prié pour rien ; il lui était venu une inspiration généreuse. Il savait qu'il devait mourir, et qu'il avait eu une mission à remplir auprès de Catherine. Il ramassa un débris d'un de ses bistouris, et dans les ténèbres, chancelant, d'une main convulsive, dépensant une heure à cette tâche, il traça une ligne sur la muraille. Un poids de plomb se détacha de sa tête ; il crut presque que Dieu allait lui pardonner, pour le payer de son intention. Il se laissa retomber par terre, attendant un secours indéfini; mais sa pensée seule était allégée. La chair continuait à frémir et à se tordre. La faim était en lui, hôtesse inassouvie et dévorant sa substance. A un paroxysme de la douleur, à une minute où mille lames se retournaient dans sa poitrine, ses doigts rencontrèrent le revolver, qui était dans une de ses poches. C'était le remède souverain et infaillible ; c'était la terminaison instantanée de son martyre; il ne se donna pas le temps de la réflexion; il approcha, comme auprès d'une bouche amie, ses lèvres de la gueule de l'arme, et, par un mouvement instinctif, il appuya sur la détente. Il fut renversé ; quelque chose d'humide se colla sur la muraille, il ne souffrait plus.

Catherine et M. Mortagne écoutaient à la porte. Tiburce était remonté.

— Catherine, dit M. Mortagne, nous approchons d'un moment où Dieu parlera pour vous par un miracle. Je ne puis pas me tromper à l'émotion qui remplit ma poitrine. Que ferez-vous?

— Si Dieu parle, j'écouterai.

— Et s'il faut traduire et interpréter ?

— L'interprétation de Dieu est la justice ! dit-elle. La justice exige que je souffre parce que je n'ai pas aimé qu'Étienne !

— Et Tiburce ? vous le condamnez aussi?

— Le voici ! reprit-elle. Qui sait ce qui va arriver?

Montbarrey revenait accompagné de quelques postillons armés de haches. La vaillante porte céda à un siége en règle. Des lanternes avaient été apportées. Avant qu'elles n'éclairassent le caveau, Tiburce se pencha vers l'oreille de Catherine et lui dit :

— Nous allons assister à quelque chose d'horrible. Retirez-vous!

— Que je me retire de l'espérance! répondit-elle comme malgré elle.

— Vous croyez donc que c'est lui qui est là?

— J'en suis sûre.

Elle n'avait pas achevé ces mots que quelqu'un courut à elle par l'escalier : c'était Laubépin, effaré, ruisselant.

— Madame, s'écria-t-il, cette retraite n'est qu'à moi! Au nom de votre repos, au nom du mien, n'entrez pas là!

Il se mettait entre elle et la porte, et il s'efforçait de la retenir.

— Comment êtes-vous mêlé à cela? dit Catherine à Laubépin.

— Mêlé à quoi? reprit-il. Je défends d'entrer dans mon atelier. C'est là que je cachais mes ébauches. Vous n'avez pas le droit de les voir. La preuve que cette porte était à moi, c'est que j'en ai la clef. Je l'ai fermée.

— Vous l'avez fermée? demanda M. Mortagne.

— Avant-hier.

— Et vous ne saviez pas qu'un homme y était caché? dit Tiburce.

— Un homme! répondit-il en pâlissant.

— Vous l'avez condamné! continua Mortagne.

Et il entra dans le caveau.

Le rayon de la lanterne tomba sur le front ouvert de Champanelle. Un cri se suspendit sur tous les assistants.

Mortagne tâta le cœur. Il interrogea le souffle. Il n'y avait plus de cœur, il n'y avait plus de souffle.

— Mort! s'écria-t-il.

Tiburce interrogea d'un regard vague ce cadavre qui était le sépulcre de son espérance. Catherine, sans chercher une explication impossible, remonta en cachant ses larmes dans son mouchoir. On l'entendit murmurer :

— Dieu ne l'a pas permis !

Et elle éloigna ses yeux de Tiburce, comme pour la dernière fois.

Mortagne se retourna vers Laubépin.

— Vous avez fait bien du mal à madame Clermont, dit-il.

— Moi! répondit-il consterné.

— Champanelle lui apportait l'avenir avec un témoignage. Qui le lui rendra maintenant?

On enleva le cadavre. Champanelle fut ramené chez lui.

Il n'était guère aimé ; mais les circonstances de sa mort attirèrent une sorte d'intérêt sur son seuil. Le mystère flottait dans l'atmosphère des Orbes.

Laubépin était resté seul dans le caveau.

En haut, Mortagne tenta un dernier effort. Il retint Montbarrey et retrouva Catherine dans la salle.

— Vous êtes décidée à ne jamais le revoir? lui demanda-t-il.

— Jamais!

— Pourtant cette arme rapportée par le docteur... qui venait chez vous.

— Ah! je souffre assez! interrompit-elle. Ne me tentez pas!

— Pourquoi êtes-vous une sainte? répondit M. Mortagne presque avec un reproche. Ne lui direz-vous pas au moins adieu ?

Elle s'avança vers la porte et, muette, tendit la main au duc resté dans le corridor.

Il s'agenouilla et appuya son front et les larmes de ses yeux sur cette main pâle.

En ce moment Laubépin arriva par l'escalier.

— Venez tous ! s'écria-t-il.

Catherine se détourna.

— Que je redescende là-bas ! s'écria-t-elle. Je n'en reviendrais pas !

— Vous en reviendrez avec lui ! dit Laubépin en forçant Tiburce à prendre la main de Catherine.

Elle hésitait encore. Mortagne, que l'enthousiasme fiévreux de Laubépin avait gagné, prit le bras de la jeune femme et l'entraîna.

Pendant qu'ils suivent de nouveau la rampe de cet escalier fatal, racontons ce qui s'était passé.

Laubépin, resté seul dans le caveau avec une lanterne, contempla tristement ses figurines brisées. Ses rêves d'autrefois étaient là, en monceaux informes. Cette chère image, tant de fois cherchée, était méconnaissable entre tous ces débris. Cependant il retrouva une statuette que le hasard avait laissée intacte. Il se souvint qu'il l'avait sculptée, un soir de juin, caché derrière une haie, pendant que Catherine, assise sur une meule de foin, lisait Jocelyn aux dernières lueurs du crépuscule embaumé. Il voulut la revoir et l'emporter, et, avant de la dérober sous son manteau, il éleva la figure et la lanterne à la hauteur de ses yeux. Le regard alla donner sur le mur, et lut la ligne défaillante tracée par le médecin.

Cette ligne portait ces mots presque indéchiffrables :

« Clermont s'est tué.
» Signé : CHAMPANELLE. »

Laubépin tressaillit. Ces caractères tremblés supportaient une destinée. Mais ils n'avaient pas été vus ; ils ne le seraient jamais. Sans cette révélation, Catherine n'épouserait point Tiburce ; elle serait libre : dans quelques mois, après s'être dégagé de mistress Below, il pourrait revenir, et faire comprendre qu'il aimait. Cette tentation de vertige n'éblouit pas longtemps Laubépin. Il s'y déroba par un élan de courage, et, comme nous venons de le dire, ramena Catherine, Tiburce et Mortagne.

— Lisez ! dit-il, en éclairant la muraille.

Catherine ne poussa pas un cri. Elle s'enfuit, comme effrayée d'avoir rencontré là un bonheur. Ils montèrent tous après elle. Ils la suivaient en silence. Elle marchait lentement dans le jardin ; puis, voyant Pauline au bout de l'allée, elle courut à elle, et la serra avec frénésie sur son cœur ; puis, comme midi rendait les champs déserts, et que personne ne pouvait la voir du dehors, elle ouvrit la petite porte et alla, recueillie et pensive, vers l'église où elle entra. Tiburce, Laubépin et Mortagne attendirent sur le seuil, avec les tombes du cimetière sous leurs pieds. Ils ne perdaient pas un de ses mouvements. Elle s'agenouilla devant l'autel silencieux. Elle resta longtemps dans une méditation qui faisait monter sa beauté et son calme sur son front. Il n'y eut pas d'autres bruits que celui d'une hirondelle qui s'était égarée sous les voûtes, et qui s'inquiétait avec son petit cri d'argent, et le bourdonnement chaud de quelques guêpes qui voltigeaient sur les roses placées dans une corbeille sur la nappe de la Vierge. La prière de Catherine dura une heure.

— Je suis perdu! dit tout bas Tiburce à Mortagne. Elle serait revenue déjà si elle s'était décidée...

— Ah! répondit Mortagne, la faiblesse de la vertu, c'est son scrupule!

— Espérez! reprit tristement Laubépin.

Catherine se releva. Elle ne parut pas surprise en voyant ses amis à la porte. Elle venait lentement, dans le calme d'une résolution immuable. Elle ne s'arrêta pas, mais dit simplement à Tiburce :

— Dans un an!

Il voulut se précipiter. Mortagne l'arrêta.

— Oui, dans un an! murmura Laubépin derrière eux, les arbres auront d'autres feuilles, la veuve, une autre robe, et mon cœur, le même amour!

FIN

Paris. — Imprimerie de Wittersheim, rue Montmorency, 8.

TABLE DES MATIÈRES

	Pages
I.	1
II.	18
III.	32
IV.	45
V.	59
VI.	73
VII.	90
VIII.	100
IX.	114
X.	127
XI.	136
XII.	148
XIII.	158
XIV.	171
XV.	182
XVI.	192
XVII.	200
XVIII.	211
XIX.	224
XX.	232
XXI.	245

FIN DE LA TABLE DES MATIÈRES

LIBRAIRIE NOUVELLE, 15, boulevard des Italiens

A. BOURDILLIAT ET Cᵉ, ÉDITEURS

ŒUVRES
D'AUGUSTE MAQUET

L'œuvre déjà considérable d'**Auguste Maquet** se compose de trois parties bien distinctes :

1º Les ouvrages que dès son début il a écrits et signés seul, et dont l'originalité, la fraîcheur et le style lui ont conquis aussitôt une place distinguée parmi les romanciers;

2º La vaste collection de romans ou de pièces dont la plupart sont illustres, et qui furent le produit de cette collaboration devenue célèbre dans le monde des lettres ou plutôt dans le monde entier;

3º Enfin, les ouvrages nombreux et tout aussi brillants, tout aussi appréciés qu'**Auguste Maquet** a écrits seuls postérieurement à sa longue collaboration avec Alexandre Dumas.

L'histoire de cette troisième période de ses travaux, Auguste Maquet vient de la raconter lui-même avec une rare convenance, en quelques lignes d'une préface où nous trouvons la plus saine et la plus intelligente appréciation des trois phases de son œuvre et de son talent :

Ce n'est pas, dit-il dans sa préface de **la Belle Gabrielle**, une œuvre stérile.

« Dans cette longue galerie de romans historiques que j'ai
» composés en société avec l'écrivain célèbre que l'on nomme
» aujourd'hui *le plus fécond de nos romanciers*, il est resté
» beaucoup de cadres vides.

» Ce n'était pas une idée stérile que d'illustrer par des por-
» traits ou des paysages la chronique de notre pays, et nous
» nous y étions dévoués tous deux avec une ardeur, je devrais
» dire avec une fièvre telle, que l'intrépide attelage eût fini par
» labourer ainsi toute l'histoire de France, lorsque, tout à coup,
» pour des causes trop étrangères à la littératnre, la charrue
» s'arrêta, *defixa in medio*, à la grande satisfaction de certains
» esprits qui affirment que :

Quand les bœufs vont *un* à *un*
Le labourage en va mieux.

» Ce qui contrarie au moins la rime de la vieille chanson.

» Quoi qu'il en soit, demeuré seul sur le terrain naguère
» défriché, sinon moissonné à deux, je repris le joug, non sans
» chercher parfois à mon côté, moins par besoin de l'aide que
» par regret du compagnon, et, résolu à remplacer une force
» double par une double conscience, je continuai seul la tâche
» commencée.

» Ce fut alors, qu'en 1852, j'écrivis **le Comte de
» Lavernie** pour relier **le Vicomte de Brage-
» lonne** au **Chevalier d'Harmental**. L'ouvrage
» réussit. J'intercalai alors **la Belle Gabrielle** entre **la
» Dame de Montsoreau** et **les Mousquetaires**,
» complétant cette soudure par **la Maison du Baigneur**,
» comme j'ai complété **Lavernie** par **l'Envers et l'En-
» droit**, en sorte que notre galerie de romans historiques se

» continue maintenant sans interruption, de la Saint-Barthélemy
» à la Terreur. »

L'Éditeur n'ajoutera qu'un mot à cet exposé si simple et si complet, c'est qu'en dégageant et en dédoublant pour ainsi dire AUGUSTE MAQUET de sa dualité passée, il reste un romancier de premier ordre dont les œuvres réunies, pour la première fois, en corps d'ouvrage, doivent prétendre à un succès populaire.

Cette popularité, nous voulons aider à l'obtenir en adoptant pour la publication des **Œuvres d'Auguste Maquet** un format de bibliothèque commode, élégant, et à des conditions modérées.

Les ouvrages suivants sont en vente :

DETTES DE CŒUR, 1 volume.
LE COMTE DE LAVERNIE, 3 volumes
LA BELLE GABRIELLE, 3 volumes.

Chaque volume se vend **séparément 2 francs.**

Pour paraître prochainement :

La Maison du Baigneur.
L'Envers et l'Endroit.
La Rose Blanche.
Le Beau d'Angennes.
Madame de Limiers.
La Chambre d'Asile.
Nouvelles.
Théâtre.
Etc., etc.

PARIS. — A. WITTERSHEIM, IMPRIMEUR,
rue Montmorency, 8.

LIBRAIRIE NOUVELLE, boulevard des Italiens, 15, à PARIS
A. BOURDILLIAT ET Cᵉ, ÉDITEURS

OEUVRES COMPLÈTES
DE
H. DE BALZAC

NOUVELLE ÉDITION, COMPLÈTEMENT TERMINÉE, EN 45 VOLUMES

à 1 fr. 25 c. le volume.

Nous ne ferons pas ici l'éloge de Balzac. D'abord, cette tâche n'est pas la nôtre, et puis il semble que cette renommée, qui grandit chaque jour, soit également au-dessus de la louange et de la critique. Nous parlerons seulement de la nouvelle édition que nous offrons au public, — édition d'un mérite déjà exceptionnel par son bon marché, par les soins apportés dans la correction du texte, dans la fabrication des volumes, et, en outre, la plus complète qu'on ait publiée jusqu'ici, et la seule scrupuleusement classée suivant les dernières indications de l'auteur.

Les œuvres que Balzac a désignées sous le titre de :
Comédie humaine, forment dans notre édition 40 v.
Les Contes drôlatiques.................. 3 v.
Le Théâtre, la seule édition complète......... 2 v.

Chacun de ces quarante-cinq volumes, dont nous donnons ci-dessous la nomenclature, se vend séparément **1 franc 25 centimes**.

CLASSIFICATION D'APRÈS LES INDICATIONS DE L'AUTEUR :

COMÉDIE HUMAINE

Scènes de la Vie privée.

1ᵉʳ volume.	2ᵉ volume.
LA MAISON DU CHAT QUI PELOTE............	LA PAIX DU MÉNAGE......
LE BAL DE SCEAUX.......	LA FAUSSE MAITRESSE....
LA BOURSE............. 1 v.	ETUDE DE FEMME........ 1 v.
LA VENDETTA...........	AUTRE ÉTUDE DE FEMME...
MADAME FIRMIANI.......	LA GRANDE BRETÈCHE....
UNE DOUBLE FAMILLE....	ALBERT SAVARUS........

3e volume.

MÉMOIRES DE DEUX JEUNES MARIÉES .... } 1 v.
UNE FILLE D'ÈVE .... }

4e volume.

LA FEMME DE TRENTE ANS. }
LA FEMME ABANDONNÉE .. }
LA GRENADIÈRE.......... } 1 v.
LE MESSAGE............. }
GOBSECK .... }

5e volume.

LE CONTRAT DE MARIAGE.. } 1 v.
UN DÉBUT DANS LA VIE ... }

6e volume.

MODESTE MIGNON .... 1 v.

7e volume.

BÉATRIX .... 1 v.

8e volume.

HONORINE............... }
LE COLONEL CHABERT..... }
LA MESSE DE L'ATHÉE.... } 1 v.
L'INTERDICTION......... }
PIERRE GRASSOU......... }

Scènes de la Vie de province.

9e volume.

URSULE MIROUET .... 1 v.

10e volume.

EUGÉNIE GRANDET....... 1 v.

11e volume.

LES CÉLIBATAIRES. I
PIERRETTE .... } 1 v.
LE CURÉ DE TOURS ...... }

12e volume.

LES CÉLIBATAIRES. II
UN MÉNAGE DE GARÇON... } 1 v.

13e volume.

LES PARISIENS EN PROVINCE. }
L'ILLUSTRE GAUDISSART.. } 1 v.
LA MUSE DU DÉPARTEMENT }

14e volume.

LES RIVALITÉS.
LA VIEILLE FILLE........ } 1 v.
LE CABINET DES ANTIQUES }

15e volume.

LE LYS DANS LA VALLÉE... 1 v.

16e volume.

ILLUSIONS PERDUES. I
LES DEUX POETES........ }
UN GRAND HOMME DE PROVINCE A PARIS, 1re part. } 1 v.

17e volume.

ILLUSIONS PERDUES. II
UN GRAND HOMME DE PROVINCE A PARIS, 2e partie. } 1 v.
ÈVE ET DAVID.......... }

Scènes de la Vie parisienne.

18e volume.

SPLENDEURS ET MISÈRES DES COURTISANES.
ESTHER HEUREUSE....... }
A COMBIEN L'AMOUR REVIENT AUX VIEILLARDS.. } 1 v.
OU MÈNENT LES MAUVAIS CHEMINS .... }

19e volume.

LA DERNIÈRE INCARNATION DE VAUTRIN .... }
UN PRINCE DE LA BOHÊME. }
UN HOMME D'AFFAIRES.... } 1 v.
GAUDISSART II.......... }
LES COMÉDIENS SANS LE SAVOIR............... }

20e volume.

HISTOIRE DES TREIZE.
FERRAGUS.............. }
LA DUCHESSE DE LANGEAIS } 1 v.
LA FILLE AUX YEUX D'OR. }

21e volume.

LE PÈRE GORIOT......... 1 v.

22e volume.

CÉSAR BIROTTEAU........ 1 v.

23e volume.

LA MAISON NUCINGEN......
LES SECRETS DE LA PRIN-
  CESSE DE CADIGNAN.... } 1v.
LES EMPLOYÉS...........
SARRASINE..............
FACINO CANE............

24e volume.

LES PARENTS PAUVRES. I } 1v.
LA COUSINE BETTE.......

25e volume.

LES PARENTS PAUVRES. II } 1v.
LE COUSIN PONS.........

Scènes de la Vie politique

26e volume.

UNE TÉNÉBREUSE AFFAIRE.
UN ÉPISODE SOUS LA TER- } 1v.
REUR...................

27e volume.

L'ENVERS DE L'HISTOIRE
  CONTEMPORAINE.
MADAME DE LA CHANTERIE. } 1v.
L'INITIÉ...............
Z. MARCAS..............

28e volume.

LE DÉPUTÉ D'ARCIS...... 1v.

Scènes de la Vie militaire.

29e volume.

LES CHOUANS............ } 1v.
UNE PASSION DANS LE DÉ-
SERT...................

Scènes de la Vie de campagne.

30e volume.

LE MÉDECIN DE CAMPAGNE 1v.

31e volume.

LE CURÉ DE VILLAGE..... 1v.

32e volume.

LES PAYSANS............ 1v.

Études philosophiques.

33e volume.

LA PEAU DE CHAGRIN..... 1v.

34e volume.

LA RECHERCHE DE L'AB-
  SOLU..................
JÉSUS-CHRIST EN FLANDRE. } 1v.
MELMOTH RECONCILIÉ....
LE CHEF-D'ŒUVRE INCONNU

35e volume.

L'ENFANT MAUDIT........
GAMBARA................ } 1v.
MASSIMILIA DONI........

36e volume.

LES MARANA.............
ADIEU..................
LE RÉQUISITIONNAIRE....
EL VERDUGO.............
UN DRAME AU BORD DE LA } 1v.
  MER..................
L'AUBERGE ROUGE........
L'ÉLIXIR DE LONGUE VIE..
MAITRE CORNÉLIUS.......

37e volume.

SUR CATHERINE DE MÉDICIS.
LE MARTYR CALVINISTE...
LA CONFIDENCE DES RUG- } 1v.
  GIERI.................
LES DEUX RÊVES.........

38e volume.

LOUIS LAMBERT..........
LES PROSCRITS.......... } 1v.
SERAPHITA..............

Études analytiques.

39e volume.

PHYSIOLOGIE DU MARIAGE. 1v.

40e volume.

PETITES MISÈRES DE LA VIE
  CONJUGALE............. 1v.

CONTES DROLATIQUES

41ᵉ volume.

1ᵉʳ DIXAIN.

LA BELLE IMPÉRIA........
LE PÉCHÉ VÉNIEL........
LA MYE DU ROY..........
L'HÉRITIER DU DIABLE....
LES JOYEULSETÉS DU ROY
  LOYS LE UNZIESME.....
LA CONNESTABLE.........
LA PUCELLE DE THILHOUZE.
LE FRÈRE D'ARMES.......
LE CURÉ D'AZAY-LE-RI-
  DEAU.. ....
L'APOSTROPHE.......... } 1 v.

42ᵉ volume.

2ᵉ DIXAIN.

LES TROIS CLERCS DE
  SAINCT-NICHOLAS......
LA ....NE DE FRANÇOYS
  PREMIER.............
LES BONS PROUPOS DES
  RELIGIEUSES DE POISSY.
COMMENT FEUT BASTY LE
  CHASTEAU D'AZAY......
LA FAULSE COURTIZANE..
LE DANGIER D'ESTRE TROP
  COCQUEBIN............
LA CHIERE NUICTÉE D'A-
  MOUR.................
LE PROSNE DU JOYEULX
  CURÉ DE MEUDON......
LE SUCCUBE............
DÉSESPÉRANCE D'AMOUR. } 1 v.

43ᵉ volume.

3ᵉ DIXAIN.

PERSÉVÉRANCE D'AMOUR..
D'UNG IUSTICIARD QUI NE
  SE REMEMBROYT LES
  CHOUSES.............
SUR LE MOYNE AMADOR,
  QUI FEUT UN GLORIEUX
  ABBÉ DE TURPENAY.....
BERTHE LA REPENTIE.....
COMMENT LA BELLE FILLE
  DE PORTILLON QUINAUL-
  DA SON IUGE..........
CY EST REMONSTRÉ QUE LA
  FORTUNE EST TOUIOURS
  FEMELLE..............
D'UNG PAOUVRE QUI AVOYT
  NOM LE VIEULX-PAR-CHE-
  MINS.................
DIRES INCONGRUS DE TROIS
  PELERINS.............
NAÏFVETÉ...............
LA BELLE IMPÉRIA MARIÉE. } 1 v.

THÉATRE

44ᵉ volume.

VAUTRIN, drame en 5 actes.
LES RESSOURCES DE QUI-
  NOLA, comédie en 5 actes
  et un prologue.........
PAMÉLA GIRAUD, pièce en
  5 actes............... } 1 v.

45ᵉ volume.

LA MARATRE, drame intime
  en 5 actes et 8 tableaux..
LE FAISEUR (MERCADET),
  comédie en 5 actes (en-
  tièrement conforme au
  manuscrit de l'auteur)... } 1 v.

Paris.— Imprimerie de la Librairie Nouvelle, A. Bourdilliat, 15, rue Breda.

Bibliothèque nouvelle à 1 franc le volume.

GEORGE SAND — vol.
Mont-Revêche.................. 1
La Filleule.................... 1
Les Maîtres Sonneurs........... 1
La Daniella.................... 2
Adriani........................ 1
Le Diable aux champs........... 1

A. DE LAMARTINE
Geneviève, Hist. d'une Servante. 1

Mme ÉMILE DE GIRARDIN
Nouvelles...................... 1
Marguerite, ou Deux Amours..... 1
M. le Marquis de Pontanges..... 1
Poésies (complètes)............ 3
Le Vicomte de Launay........... 3
La Croix de Berny (en collab.). 1

FRÉDÉRIC SOULIÉ
La Lionne...................... 1
Julie.......................... 1
Le Magnétiseur................. 1
Le Maître d'école.............. 1
Les Drames inconnus............ 5
Les Mémoires du Diable......... 2

ALPHONSE KARR
Histoires normandes............ 1
Devant les Tisons.............. 1

LE Dr L. VÉRON
Mémoires d'un Bourgeois de Paris.......................... 5
Cinq cent mille francs de rente. 1

LÉON GOZLAN
La Folle du logis.............. 1
L'Amour des lèvres et du cœur.. 1
Aristide Froissart............. 2

JULES SANDEAU
Un Héritage.................... 1

PHILARÈTE CHASLES
Souvenirs d'un Médecin......... 1
Le Vieux Médecin............... 1

ALEXANDRE DUMAS FILS
Iane de Lys.................... 1
Le Roman d'une Femme........... 2
La Dame aux Perles............. 1
Trois Hommes forts............. 1
Le Docteur Servans............. 1
Le Régent Mustel............... 1

CHAMPFLEURY
Les Bourgeois de Molinchart.... 1
Les Amoureux de Ste-Périne..... 1

AMÉDÉE ACHARD
La Robe de Nessus.............. 1
Belle-Rose..................... 1
Les Petits-Fils de Lovelace.... 1
La Chasse royale............... 2
Les Rêveurs de Paris........... 1

LÉOUZON LE DUC
L'Empereur Alexandre II........ 1

J. GÉRARD (le Tueur de lions)
La Chasse au Lion, illustrée... 1

MÉRY
Une Nuit du Midi (Scènes de 1815) 1
Les Damnés de l'Inde........... 1

Mme MANOEL DE GRANDFORT
L'Autre Monde.................. 1

LE Cte DE RAOUSSET-BOULBON
Une Conversion................. 1

CH. MONSELET
Monsieur de Cupidon............ 1

HENRI NICOLLE
Le Tueur de Mouches............ 1

LE DOCTEUR F. MAYNARD — vol.
Voyages et Aventures au Chili.. 1
Souvenirs d'un Zouave devant Sébastopol..................... 1

J. DE SAINT-FÉLIX
Mademoiselle Rosalinde......... 1
Le Gant de Diane............... 1

Mme LAFARGE (MARIE CAPELLE)
Heures de Prison............... 1

ARNOULD FRÉMY
Les Maîtresses parisiennes..... 1
Id.   (deuxième partie)....... 1
Les Confessions d'un Bohémien.. 1

MISS EDGEWORTH
Demain......................... 1

CH. DE BOIGNE
Petits Mémoires de l'Opéra..... 1

STENDHAL (BEYLE)
Chroniques et Nouvelles........ 1

HENRI DUPIN
Cinq coups de sonnette......... 1

PAUL FÉVAL
Blanchefleur................... 1
La Reine des épées............. 1
Le Capitaine Simon............. 1
Le Berceau de Paris............ 1
Les Fanfarons du Roi........... 1
Alizia Pauli................... 1

CH. MARCOTTE DE QUIVIÈRES
Deux Ans en Afrique............ 1

MAXIME DU CAMP
Mémoires d'un Suicidé.......... 1
Les Six Aventures.............. 1
Salon de 1857.................. 5

HIPPOLYTE CASTILLE
Histoires de Ménage............ 1

AURÉLIEN SCHOLL
Les Esprits malades............ 1

Mme MOLINOS-LAFITTE
L'Éducation du Foyer........... 1

HENRI MONNIER
Mémoires de M. J. Prudhomme.... 1

ÉDOUARD DELESSERT
Voyage aux Villes maudites..... 1

L. LAURENT-PICHAT
La Païenne..................... 1

MOLIÈRE
Nouvelle édition par Philarète Chasles........................ 1

Mme ROGER DE BEAUVOIR
Confidences de Mlle Mars....... 1
Sous le Masque................. 1

EUGÈNE CHAPUS
Les Soirées de Chantilly....... 1

LOUIS LURINE
Ici l'on aime.................. 1

NESTOR ROQUEPLAN
Regain : la Vie parisienne..... 1

COMTESSE D'ASH
Les Degrés de l'échelle........ 1
La Marquise sanglante.......... 1
La duchesse d'Eponnes.......... 1

ALBÉRIC SECOND
Contes sans prétention......... 1

BARBEY D'AUREVILLY
L'Ensorcelée................... 1
L'Amour impossible............. 1

ARSÈNE HOUSSAY
Les Filles d'Ève............... 1

V. VERNEUIL
Mes Aventures au Sénégal....... 1

LOUIS ULBACH
La Voix du sang................ 1
Suzanne Duchemin............... 1
L'Homme aux cinq Louis d'or.... 1

GALOPPE D'ONQUAIRE
Le Diable boiteux à Paris...... 1
Le Diable boiteux en province.. 1
Le Diable boiteux au village... 1

COMTE DE MOYNIER
Bohémiens et grands seigneurs.. 1

PAUL DHORMOYS
Une Visite chez Soulouque...... 1

JUILLERAT
Les Deux Balcons............... 1

Mme LOUISE COLET
45 lettres de Béranger......... 1

GRANIER DE CASSAGNAC
La Reine des prairies.......... 1
Danaé.......................... 1

STÉPHEN DE LA MADELEINE
Le Secret d'un renommée........ 1

J. NORIAC
Le 101e Régiment............... 1

ÉLIE BERTHET
Les Chauffeurs................. 1
La Roche tremblante............ 1
La Bastide rouge............... 1
Le dernier Irlandais........... 1

KAUFFMANN
Brillat le menuisier........... 1

JULES DE LA MADELÈNE
Le Marquis des Saffras......... 1

ERCKMANN-CHATRIAN
L'illustre Docteur Matheus..... 1

R.-G. DAVID ET CH. VINCENT
Le Tueur de brigands........... 1

ED. OURLIAC
Les Garnaches.................. 1
Suzanne........................ 1

JULES LECOMTE
Les Pontons anglais............ 2

Mme SURVILLE
Balzac, sa vie et ses œuvres... 1

J.-B. BORÉDON
Gabriel et Fiametta............ 1

LÉON HILAIRE
Nouvelles Fantasistes.......... 1

ROGER DE BEAUVOIR
La Lescombat................... 1
Les Mystères de l'Île St-Louis. 2

WILLIAM THACKERAY
Les Mémoires d'un valet de pied 1

E. FASCOT
La Navigation Atmosphérique.... 1

Mme JAUBERT
L'aveugle de Fossi............. 1

G. DE LA LANDELLE
Les Passagères................. 1

GUSTAVE CLAUDIN
Point et Virgule............... 1

CARL LIDHUY
Le Capitaine d'aventure........ 1

www.ingramcontent.com/pod-product-compliance
Lightning Source LLC
Chambersburg PA
CBHW070744170426
43200CB00007B/646